介護保険「卒業」がもたらす悲劇

あなたのまちが大東市と同じ失敗をしないために

大東社会保障推進協議会
大阪社会保障推進協議会 編

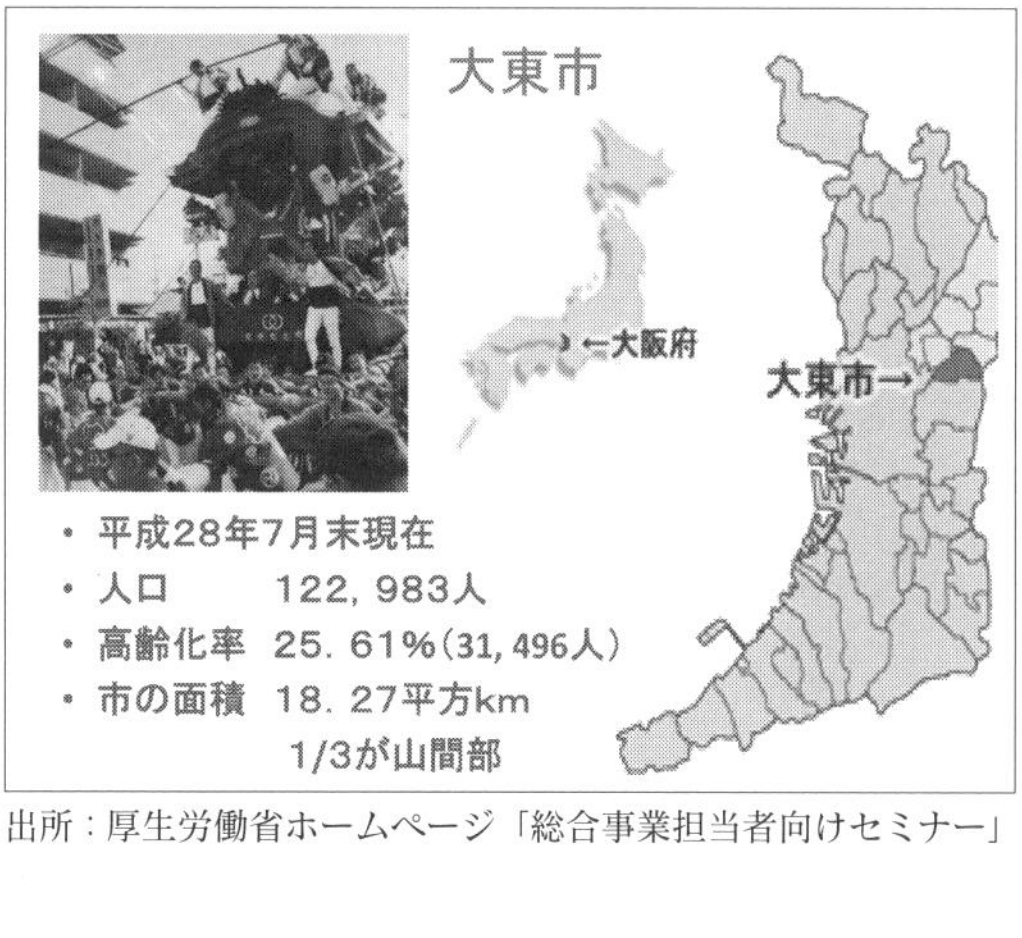
大東市
←大阪府
大東市→
・平成28年7月末現在
・人口　122，983人
・高齢化率　25．61%（31，496人）
・市の面積　18．27平方km
1/3が山間部

出所：厚生労働省ホームページ「総合事業担当者向けセミナー」

日本機関紙出版センター

はじめに～大阪社保協4度目の現地調査

大阪社会保障推進協議会（以下、大阪社保協）はこれまで3度の現地調査を行ってきました。第1回目は1992年に東大阪市の国保問題での現地調査です。その背景には東大阪市の3千件にのぼる国民健康保険証取り上げと資格証明書の大量発行があり、当時のマスコミは「食事より保険料」が先と報道しました。

2回目は2003年の摂津市の国保調査です。国や自治体の滞納対策とルールなき血も涙もない国保行政の中で死亡した事件に抗議し、責任を追及する調査でした。

3回目は2009年の門真市の国保の実態調査です。医療費の窓口負担が高く、病院に行くのを先延ばしし、治療を中断している実態が明らかになりました。新聞やテレビで報道され、大きな関心を呼びました。

そして今回が4度目の現地調査になります。

介護保険の軽度認定者に対して大東市は「元気でまっせ体操」を行い介護保険から「卒業」させるというやり方をとり、軽度者を減らすことで市の負担を減らすことができるとテレビを通して全国に発信しています。その結果、「卒業」とされた人たちがその後どうなったのかを明らかにするために今回の実態調査を行いました。

事前調査では「家の中ではってでもトイレにいける人は介護保険から外される」と聞きました。私も「元気でまっせ体操」を当日体験しましたが、これで元気になるとは思えませんでした。私の診療所ではパワーリハビリの機械を3台（使う筋肉が違う）購入し、四肢の筋力を鍛えるようにした医師の立場で言いますと70歳以上の高齢になれば「フレイル」といいますが、四肢の筋力低下は加齢とともにおこってきます。私の経験でも1週間運動しなければ四肢の筋力が衰え、歩くことが困難になる人は多く見られます。運動すること（買い物や散歩）で何とか筋肉は維持されています。「卒業」は理論的にはあり得ないと思います。60歳代はまだ筋肉の衰えは70歳代ほどではありません。また足腰が丈夫でも軽度の認知症の人も見られます。日常生活に困るから介護保険の使用が必要なのです。

介護保険ができた当初、往診に行ったときに、介護保険ができたおかげで、ヘルパーさんに作ってもらった温かい食事がたべられると喜んでいた老人の笑顔を忘れることができません。医療や介護は人間の尊厳を守ることが大事だと思います。声をあげられない人々の思いを聞いてあげてください。

大阪社会保障推進協議会会長　井上　賢二

出所：厚生労働省ホームページ「総合事業担当者向けセミナー」より

序章　2017・11・17　大東市を揺るがした220人の終日行動

寺内 順子

映像と当事者の訴え、生々しい現地報告（午前の全体集会）

２０１７年11月17日朝、大東市民会館には大阪府内から続々と人が集まり、その数２２０人。10時30分からの全体集会では、井上賢二・大阪社保協会長の挨拶に続き、7月19日に放映された『ＮＨＫクローズアップ現代＋』を全員で視聴し、その後、サービス利用抑制・「元気でまっせ」体操押しつけの犠牲となった本人と主治医から寄せられたビデオメッセージを観ました。医師の指示した通所リハビリテーションを利用させず、「自宅でビデオを観て元気でまっせ体操を自分でやる」というケアプランを押し付けられて状態が悪化し、わずか半年で要支援1から要介護5になった当事者の訴えを参加者は驚きと怒りをもって受け止めました。

かわち野医療生協介護事業部の「大東市現地からの報告」では、大東市がなぜこのような異常な事態になったのかが明らかにされました。それは、ケアプランを市が直接管理する重層的な仕組みにし、地域包括支援センターへの「卒業加算」「移行加算」というアメと、事業者には「指定更新拒否」というムチで締め付けてきたことが原因でした。

日下部雅喜・大阪社保協介護保険対策委員長からの「介護保険改定と大東市介護保険の問題点」では、改定介護保険法が市町村に対して「保険者機能の抜本的強化」として、「自立支援策」の目標を介護保険事業計画に書き込むことを強制し、ケアプランを管理・統制する「自立支援型地域ケア

マスコミも注目した午前の全体集会

会議」などを行うよう要請し、実績評価に基づき「交付金」を与えられるという制度が導入されたことで、大東市が「先進モデル」となる危険性があることが指摘されました。さらに大東市が自治体職員向けの「総合事業改革塾」を開催し、大幅な給付削減の成果を誇示していることも報告されました。

また大東市よりも1年早く、「卒業」型総合事業を実施した三重県桑名市の実態が三重短期大学講師の村瀬博さんから報告されました。

6コースに分かれ多角的に「大東市介護保険」を体感（午後コース別調査）

午後からは6コースに分かれて行動。①市内全介護事業所訪問（20班90人）、②出前講座「元気でまっせ体操」（40人）、③出前講座「介護保険」（32人）、④生活サポート事業NPO住まい見守り隊との懇談（10人）、⑤NPO集いの場見学（7人）、⑥市民相談会（相談員4人、相談者7人）という多角的な調査活動となりました。

市役所前抗議・アピール行動

午後3時には大東市役所前に調査参加者が全員集合し、「必要な人に必要な介護を」「介護サービスの利用制限しないで」と書かれたプラカードを手に、大東市に対する「抗議・アピール行動」を展開しました。中央社会保障推進協議会の前澤淑子事務局次長をはじめ、大阪市立大学大学院特任准教授・水野博達氏、介護福祉総がかり行動を代表してNPOみなとの大野ひろ子氏、また門真社保協の藤井みち子氏が連帯の挨拶をし、介護保障を求めるひろしまの会から大畠順一氏、神戸の安心と笑顔の社会保障ネットワークの菊池憲之氏からも発言がありました。この行動に対し大東市側は市役所玄関内側を職員で固め、屋上から写真撮影するなど戦々恐々としていました。

さらなる運動の決意を固めた総括集会

総括集会では、午後の各行動の報告を行い、新井康友実行委員長（佛教大学社会福祉学部准教授）がまとめの報告を行い、中村鎮夫大東社保協会長代行の「今日の行動を力に地元で頑張りたい」との決意表明で1日の行動を終えました。

【大東市介護保険総合事業現地調査　1日のスケジュール】

日時／会場　2017年11月17日（金）　会場　大東市民会館

10時30分　全体集会
・大阪社保協　井上賢二会長　主催者挨拶
・『NHK クローズアップ現代＋』　視聴
・患者紹介
・当事者の訴え（ビデオ）
・当事者の主治医からのビデオメッセージ（橘田亜由美医師）
・現地のケアマネジャーからの報告（医療生協かわち野介護福祉事業部）
・三重県桑名市の取組報告（三重短期大学　村瀬博氏）
・基調報告「介護保険改定と大東市介護保険の問題点」（日下部雅喜・大阪社保協介護保険対策委員長）
・行動説明
12時　昼食休憩
13時　6コースに分かれて現地調査
①介護事業所　訪問・聴き取り調査
②生活サポート事業「NPO 法人住まい見守りたい」と懇談
③デイハウス「NPO 法人栗の木」　訪問・見学
④大東市出前講座「介護保険」
⑤大東市出前講座「大東元気でまっせ体操」
⑥市民相談会
15時　大東市役所前　集会・アピール行動
15時40分　総括集会
16時40分　終了

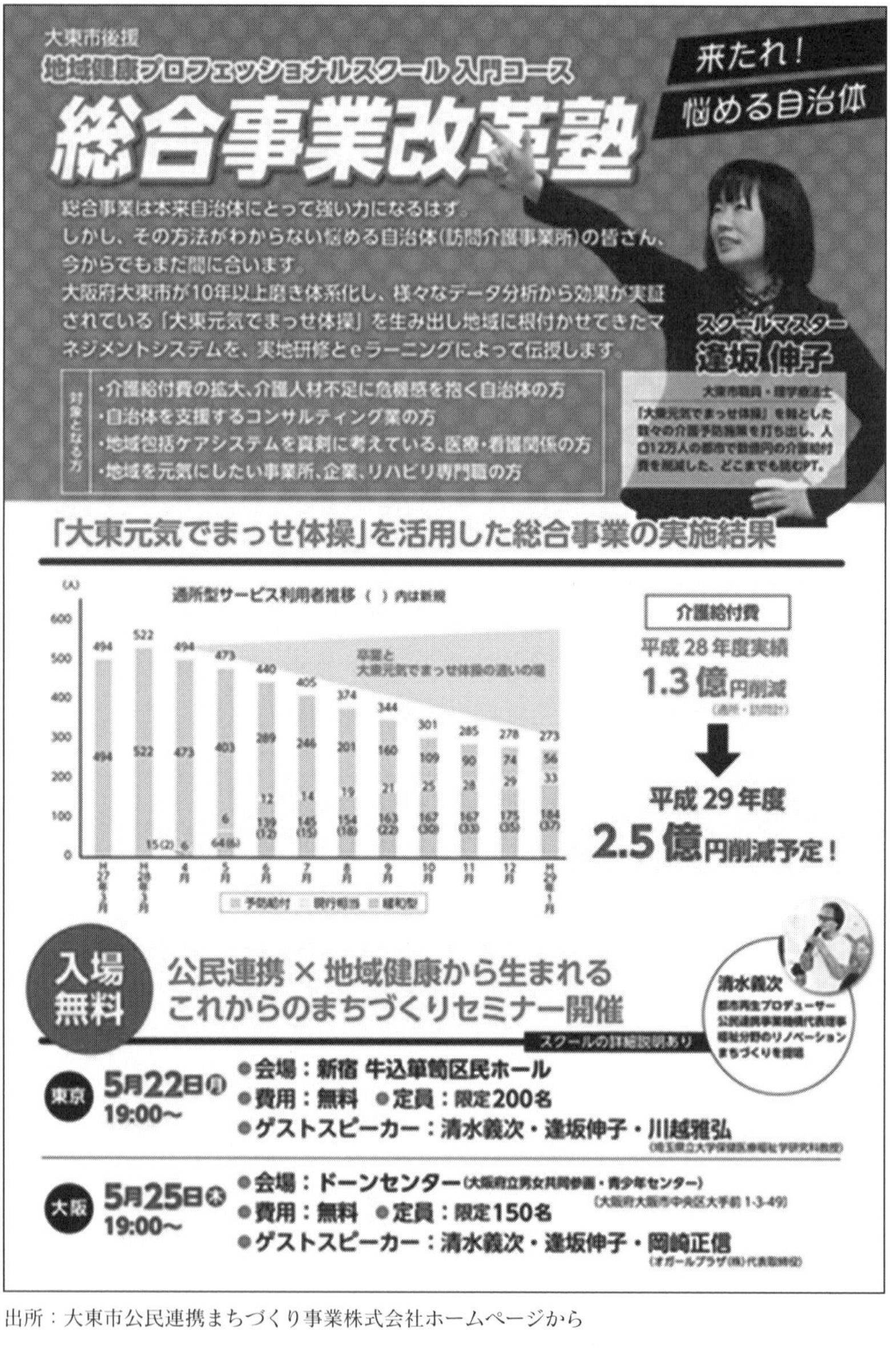

出所：大東市公民連携まちづくり事業株式会社ホームページから

【コラム】「総合事業」と「保険者機能強化」

日下部 雅喜

「卒業」「移行」に名を借りた要支援者のサービス切捨て

２０１４年介護保険法改定（医療介護総合確保法）によって、要支援１、２の人に対するサービスのうちホームヘルプとデイサービスは、介護保険給付（予防給付）から外され、市町村の行う「地域支援事業」に移されました。受け皿は「介護予防・日常生活支援総合事業」（以下「総合事業」といいます）です。これまで、全国一律の基準・報酬であったものが市町村ごとに決められるようになりました。また、サービスを受けるのに必要な要介護認定も市町村の判断で省略し簡易な「基本チェックリスト」に置き換えることもできるようになりました。

総合事業の財源は、介護保険財政（国、都道府県、市町村、保険料）で賄なうものの、国は、総合事業費に「上限額」設定を持ち込み、従来の予防給付のように上昇できない仕組みを作りました。

厚生労働省の指針（総合事業ガイドライン）では、要支援者に対して「自らの能力を最大限活用しつつ、住民主体による支援等の多様なサービスの利用を促す」とし、これまでの専門職によるホームヘルプ・デイサービスから住民主体などの多様なサービスへの移し替え促進を示してきました。さらにサービス利用にあたっては「明確な目標設定」を行い、「順調に進行した場合には事業を終了し、セルフケアに移行」できるようにするなど「サービス終了」（＝「卒業」）をめざす「自立支援型ケアマネジメント」を打ち出してきました。

全国の市町村では、２０１５～２０１７年度に総合事業をスタートさせていますが、市町村任せの事業となった総合事業は、バラバラの状態です。

こうした中で、一部の自治体では、「給付抑制」のために従来の要支援者向けのサービスを無資格・安物サービスに置き換えたり、住民ボランティアに委ねる動きを強めています。とくに今まで地域包括支援センターとケアマネジャーに委ねていたケアマネジメントに自治体が介入・統制を行う仕組みを作ったところは急激に「移行」「卒業」が進んでいます。本書で取り上げた大東市の総合事業はその典型的な例です。

ケアマネジメントの統制・管理―市町村の「保険者機能の抜本的強化」

安倍首相は「介護のパラダイムシフトをおこす」「介護が要らない状態までの改善をめざす」とし、「『お世話型介護』から『自立支援型介護』への転換」を提唱（２０１６年10月未来投資会議）しました。

２０１７年５月に成立した介護保険法改定（地域包括ケアシステム強化法）では、「保険者機能の抜本強化」を打ち出しました。「自立支援・重度化防止」に向けて全市町村が取り組むよう機能強化をするというものです。その中心は「自立支援型地域ケア会議」というものです。これは、ケアプランをケアマネジャーまかせにせず、自治体がリハビリ職など多職種の参加を得た会議で検討し修正させる仕組みです。埼玉県和光市で始まり、「介護保険からの卒業モデル」としてもてはやされ、大分県などに広がり、厚生労働省によってモデル事業（介護予防活動普及展開事業）化されました。改定法ではこれを「全市町村」が取り組むよう制度化し、取り組みの度合いを国が「評価」し交付金を与えるという仕組みを設けました。市町村はこれにより、「自立支援・重度化防止」をめざし、地域ケア会議の開催、要介護度の改善などに駆り立てられることになります。

本書で取り上げている大東市の介護保険・総合事業問題は、こうした改定介護保険制度の下で全国どこの自治体でも起きてもおかしくない事態なのです。

第1章 大東市で何がおこっているか

～介護保険改定と大東市介護保険の問題点

日下部 雅喜

はじめに なぜ「大東市方式」が問題なのか

総合事業（介護予防・日常生活支援総合事業）が全自治体でスタートし、２０１８年度からの介護保険制度改定が進められているさなかに、私たちは大東市の介護保険・総合事業の実態を徹底して調査し、市当局とも話し合いを重ねてきました。２０１７年11月17日の「大東市介護保険総合事業現地調査団」を中心とする調査活動や大東市当局とのやり取りの中で、大東市の介護保険問題が大阪府の一地方都市の問題にとどまらない問題だと認識するに至りました。それは、２０１８年度から本格実施される改定介護保険制度の下での自治体の機能変質を象徴しているからです。

大東市の異常な介護保険運営が全国的な意味を持つのは次のような理由からです。

第一に、総合事業において、現行相当サービス利用者を徹底して削減し、「卒業」を強制し「通いの場」へ移し替え、あるいは住民主体サービスへ移行させ、要介護認定申請をさせないことで給付を削減し、認定者を減少させるという「突出」したモデルを作りだしたことです。

第二に、大東市自らがこの「方式」を介護給付費を削減した「成功例」として全国に普及させようとしていることです。大東市は市が１００％出資する「大東公民連携まちづくり事業株式会社」の主要事業に「地域健康プロフェッショナルスクール」を打ち出し、全国の自治体職員・リハビリ専門職に「大東市の地域ケアマネジメント手法を伝授する」として全国展開し、自治体向けのコンサルティングまで行っています（12頁の総合事業改革塾チラシ参照）。

第三に、介護保険制度改定によって、全国の市町村に「介護予防・重度化防止」のための保険者機能を強化することが義務付けられたことです。２０１７年5月に成立した「地域包括ケアシステム強化のための介護保険法等の一部を改正する法律」（以下「地域包括ケアシステム強化法」）で打ち出された「介護予防・重度化防止のための保険者機能強化」では、国が示す評価指標に基づいて市町村が目標を設定し、その成果に応じて財政的インセンティブの付与（合計２００億円規模の新たな交付金の交付）を行うとされました。大東市が行ってきた「地域の通いの場への高齢者の参加」「保険者によるケアマネジメントの基本方針の周知」「地域ケア会議での『自立支援型ケアマネジメント』の徹底」などいくつかの手法が、そのまま国の評価指標に取り入れられており、全市町村にとって行うべき「目標」とされる危険性があります。

第四に、介護保険制度における「自立支援」が捻じ曲げられようとしていることです。２０１６年10月、安倍首相は未来投資会議で「介護のパラダイムシフト」を宣言し、『お世話型介護』でない『自立を目指す介護』」「科学的介護」への転換をはかるとしました。２０１８年度介護報酬改定では部分的にしか導入されていないものの、「回復」「機能改善」を一面的に強調し、「介護サービスからの卒業」を行政と事業者が一緒になって迫るような制度への変質が狙われています。大東市でこの間起きている「卒業」の強制などの実態はこうした現政権の「自立支援型介護」が何をもたらすのかを「先駆」的に示すものです。介護保険制度変質を許さないためにも、現にその「先進自治体」

で起こっている弊害を明らかにすることは全国的にも意義があると考えるからです。

1　大東市の介護保険・総合事業の仕組みと現状

(1)「大東元気でまっせ体操」

大東市は人口約12・2万人、高齢化率は約26％（約3・2万人）で大阪市のベッドタウンの1つとして市域は奈良県と隣接しています。

大東市の高齢者施策の最大の「セールスポイント」は、市の理学療法士が考案した「大東元気でまっせ体操」です。「効きまっせ、若ぅなりまっせ、寝たきりにならんで儲かりまっせ」の合言葉で、市内で約100カ所、千数百人が参加しているといいます。大東市は早くから二次予防事業（要介護状態になるおそれのある高齢者を対象に自治体が行う介護予防事業を事実上やらず、この「大東元気でまっせ体操」による地域づくり・住民主体の取り組みを行ってきました。

大東市は、会場費や運営経費などは補助はしていませんが、体操グループの立ち上げやその後も一定の条件付きで支援を行っています。大東市の説明には次のように書いています。

【どんな支援をしてもらえるの？】
・大東元気でまっせ体操のDVDをグループに1枚無料で提供します。
・グループ立ち上げ時には、運動指導員を3回派遣します。

・運動指導員を派遣して、体力測定会を年2回行います。
・他にも口腔機能の評価・栄養の相談・生活機能の評価等を専門職が行います。
・自動血圧計を貸出します。安全に運動に取り組めます。
高齢になると、内科などの検診は定期的に受けていても、体力を測定する機会は、なかなかないと思います。自分の体力を知ることで、健康への意識付けや動機づけが生まれて、より毎日を健康に過ごせます」（「高齢者のための暮らしの情報」大東市高齢支援課、平成28年発行）。

なお、「大東元気でまっせ体操」は、大東市が強力に推奨してはいますが、「住民の自主的な活動」という位置づけで、事故や体調急変等の危険性については「自己責任」とされています。大東市が作成している「承諾書」の様式には、次のように書かれています。

「1．介護予防事業における運動内容と運動時に起こりうる危険性について
運動中何らかの不測の変化が現れることが稀にあります。これには、異常な血圧の変化、めまい、不整脈、まれに心不全、脳卒中および死亡事故などが含まれます。高齢者の介護予防のために考案された大東元気でまっせ体操や体力測定に自己責任のもと参加します。
2．略
3．会場での事故等について
参加者本人が会場を確認し、自己責任の取れる方にのみ参加していただきます。私は上記1・2・

3について理解の上、承諾し以下に署名します」

まさに、不測の事態が起き、場合によっては「死亡」したとしても「自己責任」が取れることを条件としているのです。

「大東元気でまっせ体操」を「卒業」の受け皿に

国が2014年法改定で二次予防事業を「非効率」として廃止し一般介護予防事業に再編し、地域リハビリテーション推進事業を制度化すると、大東市は自らの「先見性」に確信をもつことになりました。総合事業移行にあたって多くの自治体が、現行相当サービスに基準緩和型サービスを加えて緩やかな移行に踏み出そうとしている時に、大東市は徹底した「自立」＝「サービスからの卒業」路線を打ち出すに至ったのです。

大東市は「大東元気でまっせ体操」の場を「要支援者はデイサービスに行かなくても通いの場に行けば大丈夫」「介護保険を卒業する人の受け皿」と位置付けています。2016年4月から要支援認定が更新になった人から順次総合事業に移行しましたが、従来のデイサービス（介護予防通所介護）を利用していた人の多くは、「卒業」を迫られ、「大東元気でまっせ体操」に移行させられることになりました。

緩和型サービスは「一時的利用」

通所型サービスで「基準緩和A型」とされたサービスも他自治体のそれとは違い、「卒業」への通過点として位置付けられました。大東市の説明資料では「通所型サービスA」について、「方針：利用者が再び自立した生活に戻るまでの一時の場であり、永続的に通い続けることが前提ではない。事業対象者を卒業へと導き、地域資源（大東元気でまっせ体操）などにつなぐ橋渡し役としてのサービス」として「入浴、食事の提供を行わないこと／送迎の必要のない方には行わない／機能訓練指導員は無資格者で構わない（自立支援研修会を受講）／マッサージやリラクゼーションの提供は禁止／介護予防通所介護や現行相当の利用者と混合してはいけない」などの決まりごとを押し付けています。そのサービス内容は「大東元気でまっせ体操（重錘を利用）／健口体操／体力測定」などとされ、通所型サービスAを卒業して地域の「大東元気でまっせ体操」へ移行しても同じメニューとなるように仕向けられています。大東市の担当者は「楽しくないデイ」とまで言っています。

短期間で卒業させるための「サービスC」

「通所型サービスC」は、大東市では「短期集中自立支援型サービス」と呼ばれ、「訪問」（居宅）と「通所」（＝通いの場：元気でまっせ体操）の2つがあり、説明では「また自分ができるようになるための道標をリハビリ専門職が示し、本人が努力するチャレンジコース」とされています。サービスC（短期集中自立支援型サービス）の利用期間は3カ月から6カ月で、内容はリハビリ専門職（ＰＴやＯＴ）が、居宅では「生活機能評価／生活方法、支援方法へのアドバイス／環境設定／セルフトレーニングの指導」などを行い、通いの場では、「プログラム作成（週1回の大東元気でまっせ体操のアレンジ／通いの場の環境設定」などを行うとなっています。まさに、要支援者を短期間でサービスから「卒業」させ、「大東元気でまっせ体操」へ移行させるためのサービスといえます。

（2）住民への「啓発」―規範的統合

大東市は「大東元気でまっせ体操」の普及にあたって、老人クラブ等でパワーポイントを用いて介護予防の説明をし、「大東元気でまっせ体操」の体験をしてもらうなどの出前講座を積み重ねてきました。プレゼン用のパワーポイントには、大東市の高齢者の増え方と介護認定率の増え方、介護保険料の増え方等、実際の数字を盛り込み、不活発な生活をしていると陥るリスク、それを予防するための具体的な行動としての「大東元気でまっせ体操」を紹介したとされています。

総合事業の実施に当たり全戸配布した2016年度の「高齢者のための暮らしの情報～未来に向けた支え合うまちづくり」というパンフレットには、次のような記述があります。

「大東市においても2025年には後期高齢者（75歳以上）が1・5倍になり、労働人口（15歳～64歳）はいずれ7割程度になるんだね!! 超高齢社会は大東でも起きるんだねー。でも、高齢者人口が増えると何が困るの??」「このままだと大東市の将来は…介護サービスの利用者が急増し、介護保険料がみるみる増額…ヘルパーが足らなくなり、生活の困り事を支援してもらえなくなる…」「そんな大東市には、なりたくない！」「超高齢社会に立ち向かうための、大東市3本の矢！」
① 介護専門職以外の新たな支え手の確保↓ 軽度な方の家事援助を支援！
② 介護予防の強化：大東元気でまっせ体操の活動拡大↓ 元気な高齢者を増やす！

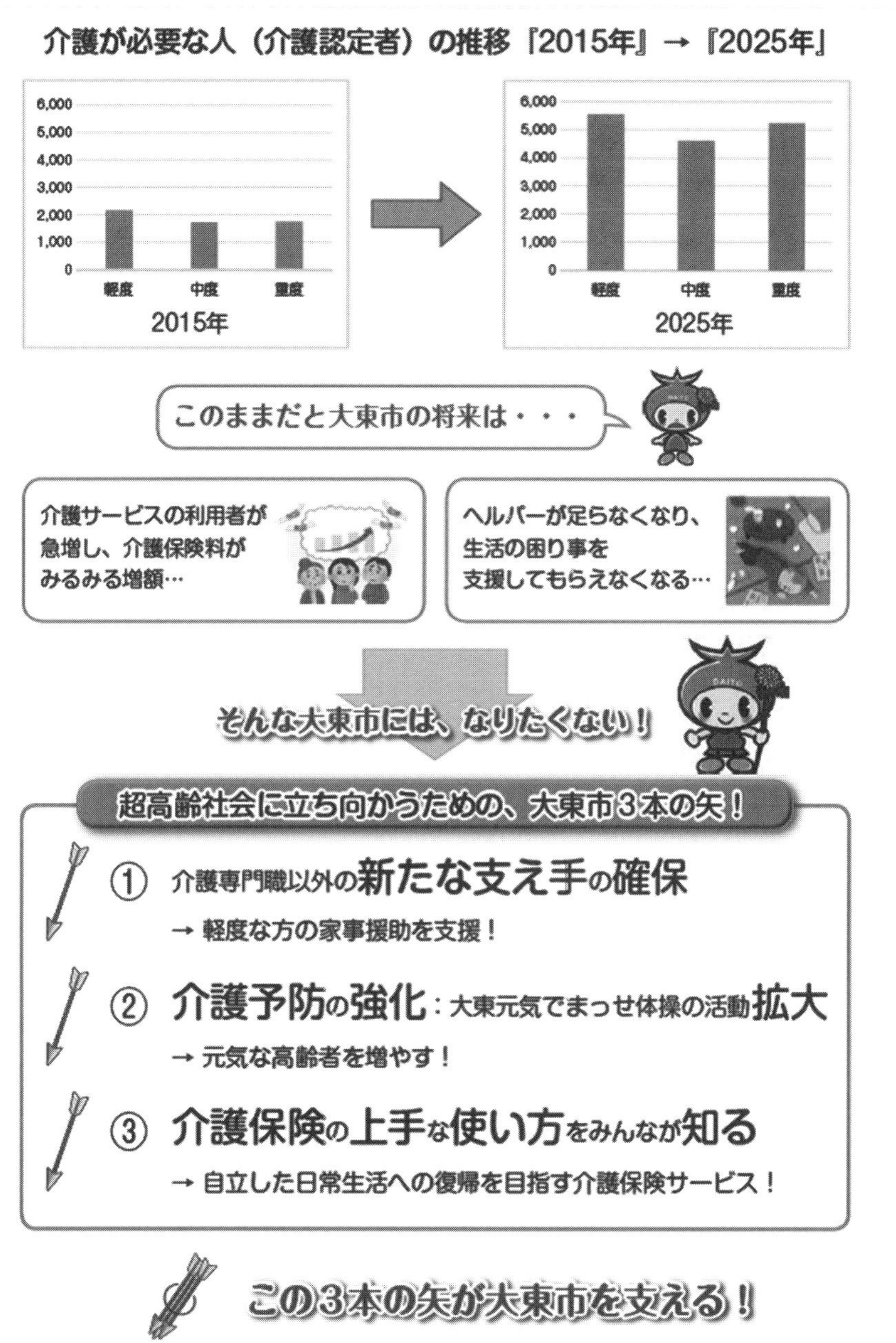
介護が必要な人（介護認定者）の推移『2015年』→『2025年』
6,000
5,000
4,000
3,000
2,000
1,000
0
軽度
中度
重度
2015年
6,000
5,000
4,000
3,000
2,000
1,000
0
軽度
中度
重度
2025年
このままだと大東市の将来は・・・
介護サービスの利用者が急増し、介護保険料がみるみる増額…
ヘルパーが足らなくなり、生活の困り事を支援してもらえなくなる…
そんな大東市には、なりたくない！
超高齢社会に立ち向かうための、大東市３本の矢！
① 介護専門職以外の新たな支え手の確保
→ 軽度な方の家事援助を支援！
② 介護予防の強化：大東元気でまっせ体操の活動拡大
→ 元気な高齢者を増やす！
③ 介護保険の上手な使い方をみんなが知る
→ 自立した日常生活への復帰を目指す介護保険サービス！
この３本の矢が大東市を支える！

（「高齢者のための暮らしの情報」大東市高齢支援課　平成28年発行）

③　介護保険の上手な使い方をみんなが知る→自立した日常生活への復帰を目指す介護保険サービス！
「この3本の矢が大東市を支える！」

「大東元気でまっせ体操」は、元気な高齢者を増やすことで介護サービス利用者を増やさず、介護保険料を上昇させない手段として2本目の矢に位置づけられています。また3本目の「介護保険の正しい使い方」では、「自立した日常生活への復帰を目指す」ことが正しい使い方とされます。さらに1本目は軽度者の生活援助は介護専門職以外でという厚生労働省の主張そのままです。

大東市はこの3つを各種団体、自治会・校区福祉委員会等で繰り返し住民へ刷り込んでいます。特に高い介護保険料を払っている高齢者には「大阪は商人の町なので、お金にすごく価値観を、重きを置いている方が多い。介護保険のサービスを使う人が増えれば増えるほど、使ってない人も払わないといけない、介護保険料が高くなっていく仕組みですと。逆にみんなが元気で介護保険を使う人が減れば、介護保険料は減らすこともできますよと」（大東市高齢介護室　逢坂伸子さんの『NHKクローズアップ現代＋』での発言）という説明をしています。

次頁の図は大東市が住民向け説明会で使用しているパワーポイントです。現在（第6期）大東市の介護保険料基準額は、月5820円と全国平均（月5514円）より高いですが、市は2025年の全国平均推計額8165円以上に上がるかもしれないが、高齢者の努力次第では低く抑えるこ

⑧．介護保険料の推移と推計

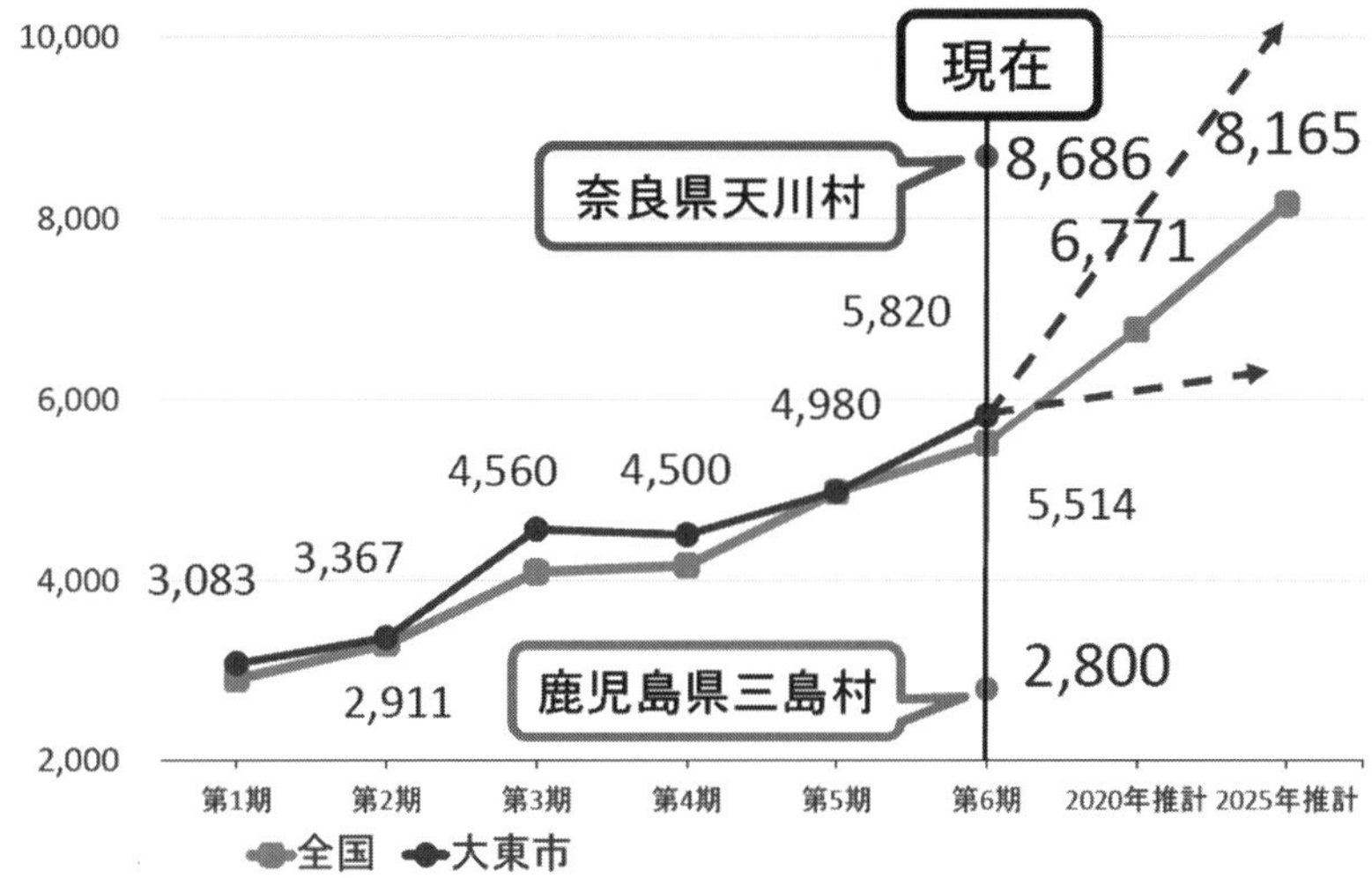

ともできる。そのためには「大東元気でまっせ体操」にみんなが参加して元気高齢者が増えることだ、というような説明を行っています。介護保険もできるだけ使わずに「自立生活復帰」のために使うものだ、というような説明です。

介護保険料をテコに全高齢者に対し、体操参加だけでなく、介護保険をなるべく使わないようにすること、要介護状態になっても「自立した日常生活への復帰」のために使うのが「正しい使い方」だとする一面的な啓発・広報ですが、地域住民や高齢者、各種団体の介護保険に対する考え方や高齢者の生活の価値観を「元気でまっせ」一色に染めていく「規範的統合」の見本というべきものです。

（３）有償ボランティアの「生活サポート」事業～自己責任と互助

大東市は、厚生労働省の「生活援助は専門職でなく多様な人材や住民の支え合いで」という路線を具体化する形で、総合事業の「訪問型サービス」の担い手として、「生活サポート事業」を一つの目玉にしています。「専門職は身体介護や中重度者の支援にあたり、軽度の生活援助はボランティアで行う」という方針です。生活サポート事業はＮＰＯ法人が担い、大東市は委託料として、２０１６年度５００万円、２０１７年度は８２８万円を支払っています。

１回30分２５０円のチケットを利用者が購入して生活援助サービスを受けるというもので、そのサポーター（有償ボランティア）は最短で90分の講習を受けるだけで登録できます。サポーターは、利用者からサービスと引き換えにもらったチケットを換金しますが、他人に譲渡することも可能ですし、自分の将来のために時間貯金としておくこともできます。将来利用者が増えてサポーターが人手不足のときでも、時間貯金しておけば優先的にサービスが受けられると説明されています。

（４）市がケアマネジメントに介入・統制―独自の「自立支援」と重層的なケアマネジャー洗脳と事業者統制の仕組み

大東市では、地域ケア会議（市内全ケアマネジメント事業所、全地域包括支援センターが参加）で、２０１４年度下半期から「大東市の自立支援の定義」を作成するとともに、自立支援型事例検討会を開始し、独自の「自立支援」の考え方を確立してきました。それは次のような内容です。

大東市における自立支援の定義

「個人因子と環境因子の双方から個人を知り、それを本人だけでなく、家族、近隣住民を含めた支

表　大東市の総合事業の概要

	サービス種別	サービス内容等
訪問	訪問型サービス現行相当	・生活援助＋身体介護（従来の老計10号） ・時間は45分以内 ・報酬は従来通り。利用料1割（2割）
	訪問型サービスＡ （緩和型）	・原則無資格者によるサービス（生活援助） ・定額負担 [A-1] 訪問介護事業所による20分258円／回、30分293円／回 [A-2、A-3] シルバー人材センター等による283円／回
	訪問型サービスＢ （生活サポート事業：住民主体型）	・無資格者によるサービス（生活援助＋一部の生活支援） ・ＮＰＯ法人へ委託 ・30分250円／回
	訪問型サービスＣ （短期集中自立支援型）	・「通所型サービスＣ」と合体して提供 ・利用料無料
	訪問型サービスＤ （住民主体の移動支援）	・住民による「通いの場」までの移送サービス ※2017年度からモデル事業
通所	通所型サービス現行相当	・送迎＋入浴＋昼食＋健康管理＋運動＋口腔＋栄養（3Ｈ～7Ｈ） ・報酬は包括払い。ただし規定回数未満は回数払い。利用料は1割（2割）
	通所型サービスＡ （緩和型）	・3Ｈ ・メニューは重り負荷による「大東元気でまっせ体操」、「健口体操」、「栄養改善の講話」。マッサージ・リラクレゼーションは禁止 ・利用料420円／回 ・入浴は実費373円
	通所型サービスＢ （住民主体型）	※2017年度からモデル事業（「お風呂で元気事業」）開始予定 ・デイサービス等を地域住民に開放 ・「大東元気でまっせ体操」＋入浴 ・バリアフリーのお風呂で利用者同士がお互いに見守りながら入浴する
	通所型サービスＣ （短期集中自立支援型）	・1Ｈ程度 ・ＰＴ、ＯＴによる訪問（生活機能評価＋環境調整＋セルフトレーニング作成等、アドバイス）、通いの場（評価、週1回の大東元気でまっせ体操のアレンジ＋通いの場の環境設定、アドバイス

大東市資料等をもとに作成

援者で共有し、本人の能力・意欲を最大限に引き出し、その人らしい、いきいきとした生活を送ることができる環境を整えること」（大東市地域ケア会議実務担当者部会作成）。

このベースになっているのは、「大東市の介護予防・日常生活支援総合事業の目的・理念」です。それには、「介護保険法には自立支援の理念に基づき実施されるものと定められていたが実効性の伴わないものであったことは否めない。大東市はその結果を踏まえ、ケアプラン・サービス内容を見直し、対象者が主体的に介護予防に取り組む力を引き出すマネジメント能力の構築に向けて重点的に取り組む。ケアマネジメントでは、本人が目標を立て、その達成に向けてサービスを利用しながら一定期間とりくみ、達成後はさらに自立へ向けた次のステップに移る。専門職の知識と技術を提供して本人の能力が高まるよう支援し、対象者の行動が生活の中に習慣化して継続できるよう、さらに自立支援を推進するものである」（介護予防・日常生活支援総合事業における窓口対応マニュアル平成28年度第1版）と書かれてあります。サービスは「一定期間取り組み」「達成後はさらに自立へ向け」というものです。

また、「自立」については、「自立とは…自己喪失感を経験した高齢者が再び、自分が望むための生活を送るために、自分の力を知り、支援を受けるようになったとしても、心身ともに自分にできることは最大限努力し、希望・意欲を持って自分らしく生活していくこと」とされています。支援が必要な状態になっても、「自分に出来ることは最大限努力する」――これが大東市の総合事業利用者像です。

大東市では、２０１６年４月の総合事業移行後は、要支援者のケアプラン（予防プラン）はすべて地域包括支援センター（委託３カ所）で作成することにし、居宅介護支援事業所のケアマネジャーは関与することができなくなりました。さらに、従来のホームヘルプ・デイサービス（現行相当サービス）を利用するには市と「協議」が必要になりました。

「地域ケア会議」では、自立支援マネジメント事例検討会を居宅介護支援事業所、地域包括支援センターの参加で行い、さらにすべての総合事業プランを市のリハビリ職・保健師がチェックするなど、市が全面的にケアマネジメントに介入し統制するシステムを作り上げています。さらに２０１７年５月には要介護１、２の全ケアプランを市に提出させ全件点検の対象にしました。

大東市の「地域包括支援センターによる介護予防ケアマネジメントの方針」は次のようなものです。

①包括が作成する介護予防マネジメント・プランについては、アセスメントの際に地域ケア会議で使用している生活機能評価票を用いて、「〜できない」という課題から、「〜できるようになる」という目標に変換して、利用者本人の生活機能の低下について自覚を促し、介護予防に取り組む意欲を引き出すよう取り組む。サービスの利用を検討する際には、広く社会資源の情報を収集し、地域住民の支援、住民主体の活動や民間企業の利用も積極的に組み合わせていく。定期的に目標の達成状況を評価し、改善自立に向けて支援する。

②新規相談者には、まず他者からの支援ありきではなく、他者から支援を受けながら、再び支援が不要となるように自立への努力を促し、そのための援助として通所サービスＣの利用を勧める。

③利用については、基本的に通所は大東元気でまっせ体操、訪問がＢである生活サポート事業から試し、それで適応できなければＡを考える。

④既に介護予防通所・訪問の給付を受けている者に関しては、更新を待たずにモニタリングの際には大東元気でまっせ体操や多様なサービスへの移行へのプランを推奨する。

⑤更新の際には現行相当サービスから多様なサービスへの移行を推奨するとともに、その介護予防ケアマネジメントは市のリハビリテーション専門職、保健師、主任ケアマネジャー、または通所サービスCのリハビリテーション専門職によるケアプランチェックを行い、自立支援の視点が反映されたプランとなっているかどうか確認した上でサービス利用を開始する。

(5)「現行相当サービス」移行はわずか数パーセント

こうした方針で、介護予防ケアマネジメントが徹底された上で、2016年4月から総合事業が始まりました。その結果は、すさまじい「サービスからの卒業」が強制的に行われ、それまでデイサービスやホームヘルパーを利用していた要支援1、2の人が片っ端から「緩和型サービス」へ移されたり、「卒業」(サービス終了)扱いとされていきました。大東市の公表資料では、総合事業移行直前の2016年3月には要支援1、2のデイサービス(予防通所介護)利用者は522人いましたが、9カ月後の2016年12月に「現行相当サービス」に移行できたのはわずか29人(移行者の6・5%)に過ぎませんでした。認定更新前で予防通所介護に残っていた74人を除けば、「緩和型」175人、「短期集中型」24人、そして「卒業」(サービス終了)は、116人(総合事業移行者の25・9%)に上りました。

同じく要支援1、2のホームヘルパー(予防訪問介護)利用者は、2016年3月は611人で

総合事業移行９カ月後の利用者状況

	2016年３月予防サービス利用者数	2016年12月認定更新前の予防サービス利用者数	移行者等数	卒業（サービス終了）	現行相当サービス利用者数
通所	522	74	448	116（25.9%）	29（6.5%）
訪問	611	123	488	79（16.2%）	38（7.8%）

大東市情報公開資料から作成

したが、同年12月には「現行相当サービス」移行者はわずか38人（移行者の７・８％）でした。認定更新前の予防訪問介護に残っていた１２３人を除けば、緩和型２５９人、「生活サポート」（有償ボランティア）が11人、そして「卒業」（サービス終了）は79人（総合事業移行者の16・２％）に上りました。

大半の市町村が総合事業移行後も「現行相当サービス」の利用が可能であるのに対し、大東市は、数％しか現行相当サービスの継続ができず、２割以上が「卒業」の名のもとにサービスを打ち切られているのです。

（６）要支援と認定されてもサービス利用させず

総合事業移行後の大東市では、要支援１、２と新規に認定されても訪問型・通所型サービスを利用できる人はごくわずかしかいなくなりました。２０１６年４月～17年３月の１年間に新しく要支援１、２と認定された人で認定から２カ月間時点でのサービス利用状況は、要支援１の80・３％、要支援２の73・３％はサービスを利用していません。現行相当サービスはわずか３人、緩和型サービスでも25人しか利用していないのです。予防給付（福祉用具や通所リハビリなど）を除けば、大東市の要支援認定者は、総合事業の訪問・通所サービスはほとんど利用できなくなっていま

新規要支援認定2カ月後時点でのサービス利用状況
（2016年4月〜17年3月の合計）

（単位：人）

要支援1	予防給付のみ		71	15.4%
	現行相当	訪問	2	0.4%
		通所	0	0.0%
	緩和型	訪問	9	2.0%
		通所	9	2.0%
	利用無し		370	80.3%
	計		461	100.0%
要支援2	予防給付のみ		43	22.5%
	現行相当	訪問	0	0.0%
		通所	1	0.5%
	緩和型	訪問	4	2.1%
		通所	3	1.6%
	利用無し		140	73.3%
	計		191	100.0%

大東市情報公開資料から作成

す。利用できるのは「生活サポート」（30分250円の有償ボランティア）か、地域の「大東元気でまっせ体操」、短期集中自立支援型サービスCくらいしかありません。

（7）窓口マニュアル〜申請抑制で認定者数激減

大東市では、総合事業の開始にあたって、市役所窓口や地域包括支援センターへの新規相談者に、「自立支援の考え方、無用な介護申請を避けていただくよう説明するマニュアル」を地域包括支援センター管理者と市が共同で作成しました。

この「相談窓口対応マニュアル」では、相談を受け付けた場合、要介護認定を案内する振分け基準の1番目に「1人では歩けない（杖をついたり、歩行器を使用しても歩くことができない場合）」があげられるなど、認定申請の抑制が行われています。実際に「窓口まで歩いてきた人が『申請できません』と断られた」「認知症の人にも『トイレまで歩いて行けるのなら申請は必要ない』とさせ

大東市の要介護認定者の推移（2016 年 4 月～ 17 年 4 月）

	要支援1	要支援2	要介護1	要介護2	要介護3	要介護4	要介護5	計
2016年3月	1,134	1,051	793	927	688	580	546	5,719
2017年3月	790	766	730	1,037	719	609	532	5,183
増減	-344	-285	-63	110	31	29	-14	-536
増減率	-30.3%	-27.1%	-7.9%	11.9%	4.5%	5.0%	-2.6%	-9.4%

大阪府集計の介護保険事業状況報告月報（暫定版）から作成

てもらえなかった」という事例があり、ケアマネジャーへの締め付けが強く「認定申請代行すると目を付けられる」という意識が広がっているといいます。

大東市では、「歩ける人には要介護認定申請を案内しない」という窓口対応マニュアルにより、総合事業移行後は、要介護認定を受け付けず基本チェックリストへ誘導することが横行しています。この結果、1年間で、要支援1はマイナス30・3％、要支援2もマイナス27・1％と要支援認定者が激減しました。

「卒業加算」「移行加算」―地域包括支援センターへのアメ

大東市では、「卒業」「多様なサービス移行」促進のインセンティブを制度化しています。市の説明では「地域包括支援センターががんばる仕組み」として、「卒業加算」（サービスから卒業―1年以上サービス利用なし、地域の見守りと活動参加が条件）、「移行加算」（訪問・通所サービス現行相当から緩和型サービスに移行した場合）を設け、１００人以上卒業・移行すると２００％の加算率としました。予防プランを担当する地域包括支援センターを加算というアメでつって卒業・移行へ駆り立てているのです。

卒業・移行が少ないと「指定更新しない」―事業者へのムチ

訪問・通所サービス現行相当の指定事業所は、2017年度末で「みなし指定」期限が切れますが、大東市は、総合事業移行時の利用者の30％以上を卒業もしくは緩和型サービスへ移行していないと「指定更新しない」としています。サービス事業所は指定更新されないと2018年度からは要支援の利用者は1人も受け入れられなくなるので、有無を言わさずこれに従わされることになります。まさに、サービス事業者をして利用者を卒業・移行させるムチといえます。

予防給付の通所リハビリまで「卒業」に

市の指導を受けて予防プランを担当している地域包括支援センターが通所リハビリ事業所に対して「3カ月で卒業して近くの『元気でまっせ体操』に通ってください」と言い、通所リハビリの担当者が「体操の場所まで歩いて20分。そんなに歩けません」と抵抗すると、「3カ月で20分歩けるようにしてください。それがプロです」と説教されたという例もあります。

ホームヘルパー利用も制限

訪問型サービスでも、新規利用者を中心に従来のホームヘルパー利用が予防マネジメントで認められなくなりサービスが打ち切られたり、住民主体B型訪問サービス（生活サポート事業）へと回されています。生活サポート事業は市内のNPOに委託していますが、有償ボランティアで、困難な生活課題を抱えた利用者には対応できません。現場では、「腰椎圧迫骨折の要支援者に現行相当サービスの利用が認められず、生活サポーターが対応できないため、訪問看護師が食事の準備をしている」「糖尿病だが、更新で要支援になった人が現行相当のデイサービスを利用させてもらえず、生活サポーターが家事援助しているが服薬のケアができなくなった」「現行相当のヘルパーもデイサービスも使えなくなった要支援者が小規模多機能型居宅介護に回されてくる」など多くの問題が発生しています。

私たちへの寄せられた相談事例からも、強引な「卒業」により、孤立化した人や適切な支援がされず放置された結果重症化した「犠牲者」が出てしまっています。

重症化した「被害者」

糖尿病による末梢神経障害で歩行困難になり、入院治療し「要支援１」で退院されたAさんは、主治医から通所リハビリの利用でリハビリと入浴を指示されました。ところが大東市はこれを認めず、「短期集中自立支援型サービスC」で「大東元気でまっせ体操」を自宅で行うよう指導され、入浴は自宅の風呂場の住宅改修ですまされました。しかしAさんは、体操どころか入浴も４カ月以上できず糖尿病も悪化し足指が壊死する状態になり、さらに重症肺炎を発症し入院となり、わずか半年で「要介護５」まで悪化してしまいました。これは２０１６年12月に大阪社保協に相談があり、大東市の問題を取り組む契機となった事例ですが、大東市の介護保険運営が「自立」一辺倒で本人の症状を無視した結果です。本人・家族も勇気を出して『ＮＨＫクローズアップ現代＋』の取材に応じていただきました。大東市の誤った「保険者機能」によって奪われたものはあまりにも大きいといわざるを得ません（第２章、３章参照）。

「卒業者」の大半は「何もせず」

２０１７年11月の大東市介護保険総合事業現地調査活動で事前配布し回収した事業所アンケートでは、19事業所から１８２人の「卒業者」がいると回答がありました。その内、行き先について回答があった１２３人の内訳は表のとおりです。「卒業」後「何も利用していない」が最も多く44・7％を占め、自費サービスが15・4％もあり、「元気でまっせ体操」は17・1％、生活サポートは5・7％に過ぎません。

第5章「大東市への要求、話し合いの経過」で触れますが、大東市は事実上、サービス「卒業者」の現状把握を行っていません。そのため正確な実態は不明ですが、大東市の強引な「自立支援」「卒業」によって、地域参加や自立に至っている人は少数で、多数は行き場を失って閉じこもったり、必要な支援が受けられず生活の質が低下している事例が多数あると考えられます。介護保険料を払い、要支援認定を受けながら「自費」でサービスを利用せざるを得ない実態はきわめて深刻といえます。

2　改定介護保険法で大きく変質する「保険者機能」

（1）「保険者機能強化」とは

２０１７年5月26日に成立、6月2日に公布された改定介護保険法（地域包括ケアシステム強化法）のめざすものは「保険者機能の抜本強化」です。「全市町村が保険者機能を発揮し、自立支援・重度化防止に向けて取り組む仕組みの制度化」として、①国から提供されたデータを分析の上、介護保

「卒業」となった人の数及び行き先

自費 サービス	元気 でまっせ体操	生活 サポート	何も利用 していない	不明	計
19	21	7	55	21	123
15.4%	17.1%	5.7%	44.7%	17.1%	

大東市内事業所アンケートから集計

険事業計画を策定。計画に介護予防・重度化防止等の取組内容と目標を記載、②都道府県による市町村に対する支援事業の創設、③財政的インセンティブの付与（実績評価に基づく交付金）というものです。

政府の改定法説明資料には、要介護認定率が下がった自治体（埼玉県和光市、大分県）を「先進的取り組み」と評価しています。改定法で持ち込まれようとしている仕組みはこの「先進的取り組み」を全自治体に広げ、「要介護状態改善」目標を計画に定め、その実績を評価し国に報告することを義務付けるものです。さらに、市町村には国の評価指標に応じて「財政的インセンティブ」として新たに交付金を与える仕組みまでつくりました。

市町村は「アメ」（国からの交付金）をぶら下げられ、「ムチ」（目標設定と評価の義務化と都道府県の指導）によって、要介護認定を受ける人を抑制し、サービス利用を抑え給付費を減らすことに駆り立てられることになります。市町村をして要介護認定抑制を競わせるような仕組みは「地域包括ケアシステム強化」などといえるものではありません。

これまで曲がりなりにも「高齢者の尊厳の保持」「日常生活を営むための支援」の仕組みとされてきた介護保険が「自立支援」（要介護状態改善）一辺倒に変質していくことになります。

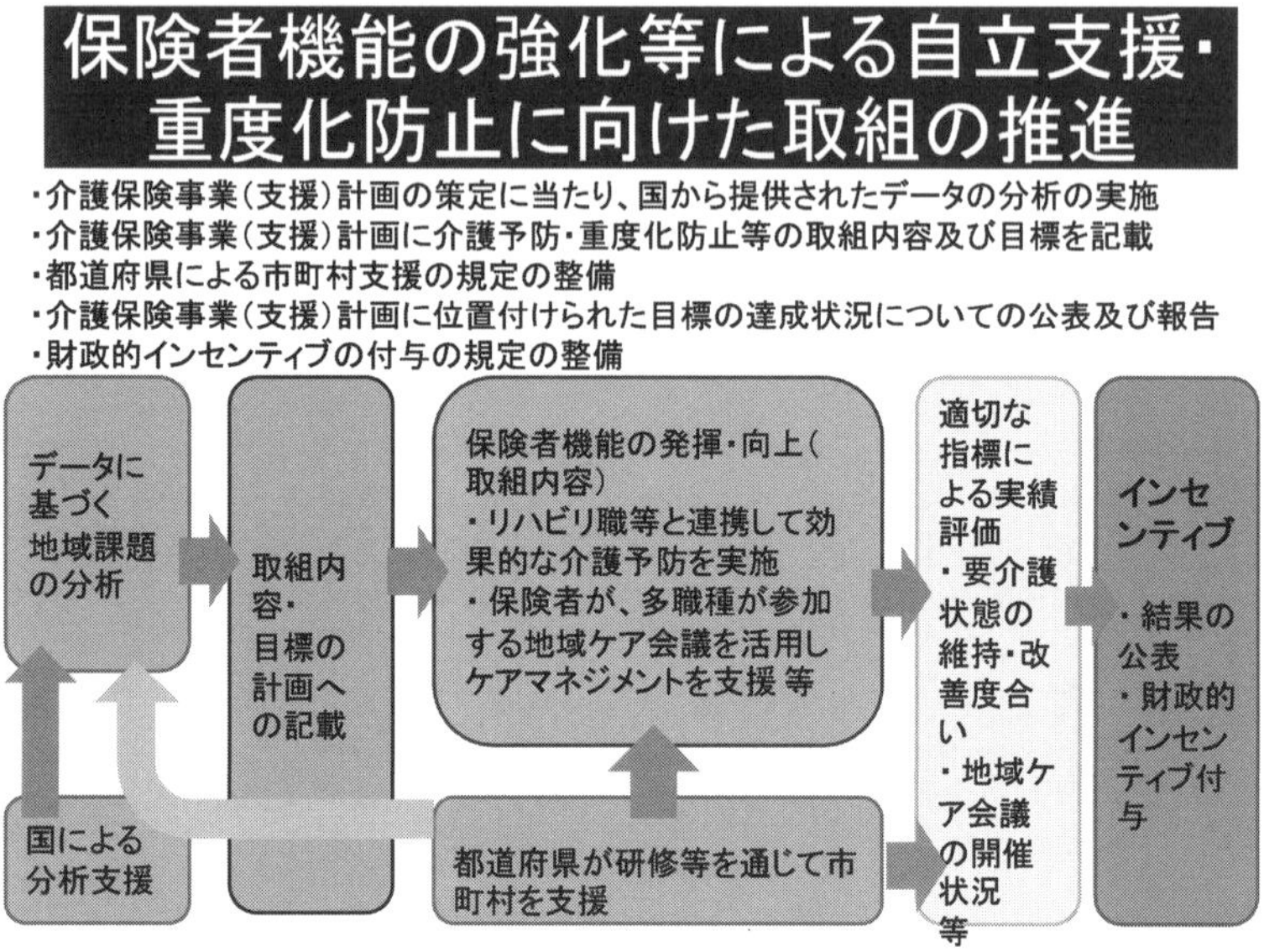
保険者機能の強化等による自立支援・
重度化防止に向けた取組の推進
・介護保険事業（支援）計画の策定に当たり、国から提供されたデータの分析の実施
・介護保険事業（支援）計画に介護予防・重度化防止等の取組内容及び目標を記載
・都道府県による市町村支援の規定の整備
・介護保険事業（支援）計画に位置付けられた目標の達成状況についての公表及び報告
・財政的インセンティブの付与の規定の整備
データに基づく地域課題の分析
取組内容・目標の計画への記載
保険者機能の発揮・向上（取組内容）
・リハビリ職等と連携して効果的な介護予防を実施
・保険者が、多職種が参加する地域ケア会議を活用しケアマネジメントを支援 等
適切な指標による実績評価
・要介護状態の維持・改善度合い
・地域ケア会議の開催状況
等
インセンティブ
・結果の公表
・財政的インセンティブ付与
国による分析支援
都道府県が研修等を通じて市町村を支援
厚労省資料から作成

（2）評価指標

厚生労働省は2018年2月28日に、「高齢者の自立支援、重度化防止等の取組を支援するための交付金に関する評価指標」（以下「指標」）を公表しました。（評価指標全文は135頁以降）

ケアマネジメントを市町村が支配・統制

指標では「Ⅱ-⑵-① 保険者として、ケアマネジメントに関する保険者の基本方針を、介護支援専門員に対して伝えているか」として「ア　保険者のケアマネジメントに関する基本方針を伝えるためのガイドライン又は文書を作成した上で、事業者連絡会議、研修又は集団指導等において周知している」「イ　ケアマネジメントに関する保険者の基本方針を、介護支援専門員に対して伝えている」をあげています。趣旨は「高齢者の自立支援、

重度化防止等に資することを目的として、ケアマネジメントが行われるよう、介護支援専門員に対して、保険者の基本方針を伝えていることを評価するもの」としています。大東市が、「大東市の自立支援の定義」から始まって「自立支援型ケアマネジメント」で市内のケアマネジャーを洗脳していったような手法がここでは指標とされています。

さらに「Ⅱ-⑶-⑩ 地域ケア会議において多職種と連携して、自立支援・重度化防止等に資する観点から個別事例の検討を行い、対応策を講じているか」「⑪ 個別事例の検討等を行う地域ケア会議における個別事例の検討件数割合はどの程度か（個別ケースの検討件数／受給者数等）」「⑫生活援助の訪問回数の多いケアプラン（生活援助ケアプラン）の地域ケア会議等での検証について、実施体制を確保しているか」「⑬ 地域ケア会議で検討した個別事例について、その後の変化等をモニタリングするルールや仕組みを構築し、かつ実行しているか」と、市町村がケアマネジャーの個別ケアマネジメントに全面的に加入し、「自立支援型」へと変えていくことを推進するものとなっています。

「多様なサービス」創出実績を評価

指標では、総合事業について「Ⅱ-⑹-④ 高齢者のニーズを踏まえ、介護予防・生活支援サービス事業における多様なサービス、その他生活支援サービスを創設しているか」とし、総合事業における多様なサービスの創設実績を評価するとしています。これも大東市が行っているような「地域の通いの場へのボランティア移送サービス」や「利用者同士が見守る入浴事業」などあの手この手の「住民押しつけサービス」を作りだす姿勢を広げようとするものです。

「体操への参加者数」を評価

また「Ⅱ-⑹-⑤介護予防に資する住民主体の通いの場への65歳以上の方の参加者数はどの程度か（【通いの場への参加率＝通いの場の参加者実人数／高齢者人口】等）」と住民の体操サークル等への参加率を評価することにしています。これも、大東市の「大東元気でまっせ体操」普及一本やりのような介護予防事業を国として推奨し後押しする結果となります。

要介護度の「変化率」を評価

評価指標の最大の問題は、アウトカム（結果）指標として、要介護認定者の要介護度の「変化率」なるものを持ち込んだことです「Ⅱ-⑻要介護状態の維持・改善の状況等」。評価指標では、一定期間における、要介護認定者の「要介護認定等基準時間」の変化率と、「要介護認定」の変化率を上げました。基準時間は認定調査員の訪問調査によって得られる基本調査のコンピュータ判定（一次判定）結果であり、要介護認定は認定審査会の二次判定を経て確定した要介護度のことです。「介護予防」ではなく、要介護認定者の維持改善は、本格的な取り組みはまだ行われておらず、それを自治体単位で経過的に評価分析するなどという取り組みも行われていません。にもかかわらず、その「変化率」を市町村評価の指標にするなどということはあまりにも無謀です。

今でも要介護認定の「適正化」や「平準化」として、状態が変化していないのに軽く認定される等の声が多くの現場で聞かれます。「どのようにすれば要介護者の介護度が維持改善するか」という実証もなしにこのような指標を持ち込めば、要介護認定（訪問調査、認定審査会）に対する意図的な締め付けによる軽度認定化に結び付く危険性すらあります。

交付金の規模と財源をめぐる問題

新たな「交付金」は改定法の条文の上では、従来の「調整交付金」とは別物です。文字通りインセンティブ（ご褒美）として、市町村をアメ（新たな財源）で釣って要介護認定引き下げ・給付費抑制策に走るように仕向けるものでした。しかし、財務省は、従来の調整交付金の「活用」を強く主張していました。

調整交付金とは、市町村間の、①高齢化の格差（後期高齢者比率が高いことによる給付増）と、

〈参考〉市町村評価指標（案）※主な評価指標
①ＰＤＣＡサイクルの活用による保険者機能の強化
☑ 地域包括ケア「見える化」システムを活用して他の保険者と比較する等、地域の介護保険事業の特徴を把握しているか等
②ケアマネジメントの質の向上
☑ 保険者として、ケアマネジメントに関する保険者の基本方針を、ケアマネジャーに対して伝えているか等
③多職種連携による地域ケア会議の活性化
☑ 地域ケア会議において多職種が連携し、自立支援・重度化防止等に資する観点から個別事例の検討を行い、対応策を講じているか
☑ 地域ケア会議における個別事例の検討件数割合はどの程度か等
④介護予防の推進
☑ 介護予防の場にリハビリ専門職が関与する仕組みを設けているか
☑ 介護予防に資する住民主体の通いの場への65歳以上の方の参加者数はどの程度か等
⑤介護給付適正化事業の推進
☑ ケアプラン点検をどの程度実施しているか
☑ 福祉用具や住宅改修の利用に際してリハビリ専門職等が関与する仕組みを設けているか等
⑥要介護状態の維持・改善の度合い
☑ 要介護認定者の要介護認定の変化率はどの程度か

②高齢者の所得格差（高齢者の所得が低いことによる収入減）を国が調整するために、国庫負担金25％のうち5％分を用いて交付金を配分する財政調整の仕組みです。この交付率の増減はその市町村の第1号介護保険料の負担分の率で調整され穴埋めされています。

財務省は、市町村間の介護給付費の格差を「不合理な差」と言い、これを縮減させることを目的とし、全自治体の取り組みを底上げするためとして従来の調整交付金を「活用」し、自立支援・重度化防止（給付費抑制策）の度合いによって傾斜配分することを主張してきました。そうなれば、全市町村は「アメ」どころか、財源削減という「ムチ」によって、否応なしに、介護費用の財源確保のため要介護認定の引き下げ、給付費削減競争に強く駆り立てられることになります。

これには、全国市長会・町村会、知事会など地方団体が反発し、2017年12月までどのような交付金にするかの判断がもつれこみました。

2017年12月18日の財務・厚労大臣折衝で「当面は調整交付金は使わない」ことにして出発することになりました。しかし、まずは新たに創設する交付金のみを使って制度を動かし、その運用状況を踏まえ、2021年度からスタートする第8期の計画期間でどう対応するか検討するという結論を3年後まで先送りしたものです（44頁参照）。

初年度の2018年度予算案では、「保険者機能強化推進交付金200億円」とされ、これは、市町村分と都道府県分の合計ですが、都道府県分はうち10億円程度とすることを想定されており、大半は市町村向けです。

「保険者機能強化」は裏を返せば「保険者責任強化」であり、市町村の工夫と努力次第でこの新たな交付金が多く得られることになります。また、3年後には従来の調整交付金までも「自立支援・重度化防止」の取り組みによって増減される仕組みとなる可能性すらあります。

全国の市町村は、第7期介護保険事業をどのような姿勢で取り組むのかが問われることになります。

改定介護保険法の下での第7期介護保険事業は、各市町村が、国の求めるような「保険者機能の発揮」の道に向かうかどうかの試金石となるでしょう。各地域での対自治体への取り組みが極めて重要です。

各自治体に求め、確認させるべき課題は、①第7期介護保険事業で国に追随した「目標」設定をさせない、②要介護認定とサービス利用を阻害するような介護保険事業にさせない、③地域包括支援センター、ケアマネジャー、事業者に「自立支援型」を押し付けない、④高齢者の尊厳と権利を守る介護保険運営、介護保障の立場に立たせる——です。

「安心できる老後」をめざして各地域での運動の強化が求められています。

事務連絡

平成29 年12 月25 日

各都道府県介護保険担当課（室）御中

厚生労働省老健局介護保険計画課

高齢者の自立支援・重度化防止等に関する取組を支援するための新たな交付金について

介護保険制度の運営につきましては、平素より種々ご尽力をいただき、厚く御礼申し上げます。

先般成立した地域包括ケアシステムの強化のための介護保険法等の一部を改正する法律（平成29 年法律第52 号）による改正後の介護保険法（平成9年法律第123 号。以下「法」という。）第122 条の3において、国は、市町村及び都道府県に対し、自立支援・重度化防止等に関する取組を支援するため、予算の範囲内において、交付金を交付することとされております。

今般、これらの交付金の平成30 年度予算案における扱いについては下記のとおりといたしますので、ご了知の上、管内保険者への周知に特段のご配慮をお願いいたします。

記

第1 交付金の趣旨

法第122条の3に規定する交付金として、保険者機能の強化に向けて、高齢者の自立支援・重度化防止等に関する市町村の取組や、こうした市町村の取組を支援する都道府県の取組を推進するため、市町村及び都道府県の様々な取組の達成状況に関する指標を設定した上で、交付金を交付するもの。

第2 予算規模

保険者機能強化推進交付金 200 億円

※市町村分と都道府県分の合計。都道府県分は、うち数億円程度とすることを想定。

第3 評価指標、評価方法及び交付金の交付方法

評価指標については、平成29 年11 月10 日介護保険部会資料3「高齢者の自立支援、重度化防止等の取組を支援するための交付金に関する評価指標（案）」（別添）を基に設定する予定であるので参照されたい。

評価指標の詳細、評価方法及び交付金の交付方法については、追ってお示しすることとする。

第4 その他

「経済財政運営と改革の基本方針2017」（平成29 年6月9日閣議決定）において、「保険者機能の強化に向けた財政的インセンティブの付与の在り方について、地方関係者等の意見も踏まえつつ、改正介護保険法に盛り込まれた交付金の在り方を検討し、早期に具体化を図るなど、自立支援・重度化防止に向けた取組を促進する。あわせて、調整交付金の活用についても検討する。」とされていたところであるが、「経済・財政再生計画改革工程表2017」（平成29 年12 月22 日経済財政諮問会議）において以下のとおりとされたので、併せてお知らせする。

・介護保険の財政的インセンティブについては、第7期計画期間中は、まずは、改正介護保険法による新たな交付金の交付について、着実にその効果が発揮されるよう適切な評価指標等を設定し、市町村及び都道府県の自立支援・重度化防止等に関する取組を推進することとする。なお、評価指標等については、その運用状況等を踏まえ、より、自立支援・重度化防止等に資するものとなるよう、適宜改善を図る。

・併せて、当該評価指標による評価結果を公表し、取組状況を「見える化」する。

・その上で、平成33 年度から始まる第8期計画期間における調整交付金の活用方策について、改正介護保険法による新たな交付金による保険者の取組の達成状況や評価指標の運用状況等も踏まえ、保険者間の所得水準の差等を調整するための重要な機能を担っていること等に留意しつつ、第7期期間中に、自治体関係者の意見も踏まえつつ、具体的な方法等について検討し、結論を得る。

第2章 『NHK クローズアップ現代＋《プラス》』をめぐって

～「自立」「卒業」の被害の実態と大東市の許しがたい居直り

日下部 雅喜

2017年7月19日、『NHK クローズアップ現代＋』は、「総合事業」が「もっともうまくいっている自治体」として大阪府大東市を取り上げました。番組前半では、「大東元気でまっせ体操」と住民ボランティアによる「生活サポート事業」によって元気な高齢者が増え、地域の支え合いが進み介護費用の削減ができている、といった紹介がされた一方、番組後半では、デイサービスからの「卒業」（強制的な打ち切り）で行き場所を失い、孤立する人や、週1回の通所リハビリテーションの利用すら認められず、閉じこもり生活になって病状が悪化し、わずか半年で要支援1から要介護5まで重度化した「被害者」も紹介しました。

大阪社保協が大東市の総合事業について集会を開き、改善要求をまとめていた2017年5月、『NHK クローズアップ現代＋』から「大東市の総合事業を取り上げたい」と取材の申し出がありました。大阪社保協は市内事業者によびかけて「大東市介護保険問題を考える懇談会」を開催し、困っている事例や現場の声を集め、同時期に取材に入っていた同番組のディレクターにも「大東方式」のもとで起きている深刻な実態を伝え、「礼賛番組」とならないよう話し合いを重ねました。「自立と住民力がキーワード。その点、大東市はうまくいっている典型例」と言っていたディレクターでしたが、取材後は「できるだけ公平に編集したつもりです」と語っていました。

前半は「大東方式礼賛番組」

番組の前半は、大東市の「元気でまっせ体操」の取り組みを「成功例」として描き出しました。

「大阪のベッドタウン、大東市です。住民たちの力で高齢者の介護予防に取り組み、驚きの成果を上げているといいます。ん?ラジオ体操?いいえ違います。この町オリジナルの体操、その名も『元気でまっせ体操』です。つまずいてけがをするなど、高齢者の日常生活に潜むリスクを避けられるよう考えられています。足腰が弱った人にとってはリハビリ効果が高いんですって!『元気でまっせ体操』は、大東市の高齢者の間で大ブーム。市内各地に100以上の体操グループが生まれ、1900人が参加しています。運営はすべて住民自身の手で行われ、通常、介護の専門職は参加しません。それでも効果はてきめん。こうした取り組みで、去年(2016年)は要支援1や2だった高齢者135人の体調が改善し、認定から外れました」という具合です。

さらに、「住民たちの取り組みで、大東市は去年、要支援向けサービス費用を1億2千万円削減。更に今年は、その倍の2億4千万円削減できる見込みです。その結果、住民1人が支払う介護保険料を月300円以上抑制できると市は試算しています」と給付抑制効果も大東市の言い分そのままに報道しました。

また、住民主体のB型訪問サービスについても肯定的に「大改革のもう一つの柱が、住民自身による高齢者の生活支援。『生活サポーター』という制度を導入し、介護のプロに頼らず、住民同士で支え合う取り組みを始めています。生活サポーターのTさん、74歳。30分250円の料金を利用者から受け取り、掃除や買い物を行います。更にこれまで介護保険ではカバーできなかった庭の手入れや、ペットの散歩などの困りごとにもきめ細かく対応します」という取り上げ方です。

これにゲストの岩名礼介・三菱UFJリサーチ&コンサルティング上席主任研究員が「大東市はうまくいっている自治体」「住民が自発的に参加している」と持ち上げて、まさに「大東方式万歳」という報道でした。

後半で「被害者」の実態紹介

番組の後半では、私たちが地域の中で「発見」した大東市の「自立」「卒業」の総合事業の「被害者」が2人紹介されました。

まず、「総合事業のモデル自治体ともいわれる大東市も、全く問題がないというわけではないんです」として、「高齢者の自立を推進している大東市。しかし、その取り組みについていけない人たちも現れています」と前置きし、公営住宅で独り暮らしをする83歳の男性を紹介。

男性は「両方(手を離して)長いこと立たれへんから、こうしてなんとか持っとかな」とインタビューに応えます。「妻に先立たれ、20年独り暮らし。トラックの運転手をしていた時の事故の影響で足腰に痛みがあり、要支援2と認定されています。去年まで週2回、送迎付きでデイサービスに通っていました。スタッフや利用者どうしの交流が、孤独を癒やす支えになっていました。ところが総合事業が始まると、施設に頼っている限り自立が進まないと判断され、利用できなくなったといいます。しかし男性は、痛みで遠くに出歩くことができません。外出し、人と触れ合う機会がほとんどなくなってしまいました」

男性は、続けて「自分で動けるし風呂も家で入れるから（デイサービスの利用は）あかんっちゅうことで。毎日ゴロゴロ横になってるだけです」と、まさに、「『自立』のはずが孤立？」というデイサービスからの追い出しの実態をズバリと取り上げました。

自立どころか重症化・寝たきりへ～通所リハビリ認めず体操押しつけ

2人目は「自立への取り組みがうまくいかず、かえって要介護度が重くなってしまった人」として、両足にしびれや痛みがあり、病院でほぼ寝たきりの生活を送っている70代の男性をとりあげました。男性は、病院でのインタビューにベッドに寝たまま「足の裏からつま先にかけて、こう動かすと、もうガクガク。こうやって動かすとあかんねん。そりゃもう家は恋しい。帰りたい」と辛そうに語ります。

番組はそうなった経過を紹介します。

「実はこの男性、1年前までは、支えがあれば自分の足で歩ける要支援1の状態でした。ただし医師による診断書には『男性は糖尿病を抱えており、症状が進行するリスクがある』と書かれていました。そのため、専門スタッフがいる施設に通い、病気の経過を見守りながらリハビリや入浴を行うことが提案されていたのです。ところが市は男性の自立を進めるため、施設ではなく自宅で体操や入浴を行うリハビリ計画を立てました。その後、男性は無理がたたって体調が悪化し、リハビリへの意欲を失ってしまったといいます。やがて足の血管が詰まり、両足の指先は壊（え）死してしまいました。要支援1から、僅か半年で最も重い要介護5となったのです」

男性は続けて「パーになんのも一瞬や。良いほうに進むんやったらええけど、悪いほうに進んだんやな」とその悔しさを語ります。

さらに、男性を診断した橋田亜由美医師にインタビュー。橋田医師は「今現在、要支援1、2であっても、その方の背景にある疾患はもっと重篤であるという場合がある。要支援1の人はみんな元気になるんだというふうに思いきってしまうと、思った目標を達成できないということが起きるのではないか」と、一人ひとりの症状をより慎重に見極めていく必要があると指摘しました。

「再度元気になっていただく」と大東市

そして、この問題について大東市はどう受け止めているのか大東市高齢介護室逢坂伸子参事にインタビュー。逢坂参事は「事実を受けとめて、今から包括支援センターと一緒にその方々が再度元気になっていただくような関わり方をしたい。私たちがもっといろんな工夫をしていかないといけないんだと思います」と答えました。「事実を受け止め」と言いながら、「再度元気になっていただく」と述べました。自立一辺倒の「元気でまっせ体操」押しつけがもたらした深刻な被害を総括せず、「再度元気に」と語る姿勢は強い違和感を感じさせるものでした。

「元気でなくても幸せに暮らせる社会へ」〜「自立押しつけ」を批判

番組では、もう1人のゲスト佐々木淳さん（医療法人悠翔会理事長・医師）が、大東方式の「自立」について指摘しました。

――一律にどんな人にも自立を促すというわけにはいかない？

佐々木さん　そうですね。一般に要支援の人といってもいろんな方がいらっしゃいます。運動によって元気になれる方もいらっしゃれば、やはり病気などがあって非常に繊細なケアを必要としてる方もいらっしゃいます。実際このお二人の方は自立支援のために生活の質が下がってしまったということで、やはり個別にアセスメントをしていくということがとても大切だと思います。やはりその人ごとにお体の状態や病気、それぞれの方が生きてきた人生、あるいは人生観といったもの、みんな違いますので、それに基づいて本当にその人にとって必要な支援は何かというのを考えていくことが大事だと思います。

――「自立支援」とひと言で言うが、そもそも本来どうあるべき？

佐々木さん　実は自立支援には2つの意味があります。日本では体に残っている「残存機能」というますが、それを強化するということが自立支援と一般的には思われていますけれども、実は国際的には生活を継続できること。あるいは自己決定権が尊重されることが実は自立支援としてとても重要で、残存機能の強化というのはそのための手段にしかすぎないと考えられているんですね。なので、最後までその人らしい生活が送れること、最後まで自分自身の人生の主人公として生きられること。これこそがまさに自立支援なんだと思います。（生活が継続できること、自己決定が尊重されるということ。それがセットでないと本当の意味での自立にはならない？）

おっしゃるとおりです。」

さらに番組の結びの部分で、佐々木さんは、次のように述べられました。

「やはり忘れてはいけないのは、私たち人間は必ずいつか例外なく衰弱して、そして例外なく死んでいくということだと思います。自立支援をどんなに頑張っても必ずいつかはやっぱり弱っていくと。だから自立支援できないことが自己責任だと言ってしまうと、私たち全員必ず不幸になっていくと思うんですね。元気でいることはとても大事なことだと思いますけれども、やはり元気でなくても幸せに暮らせる、そういう社会を作っていかなければいけないと思います。弱って死んでいくということが私たち自身にとって例外なく私たち全員の未来ですから、一人ひとりが当事者意識を持って地域作りに取り組んでいくことが大事だと思います」

あてが外れた大東市のその後の対応～「失敗」と口先では認めながら責任転嫁

大東市当局はこの放送で、大東市総合事業が全国の脚光を浴びると期待していましたが、当てが外れたようで「偏った報道」「残念な内容」などと受け止めながら、一定の「軌道修正」をはじめました。担当者は、フェイスブックの中で「卒業という言葉が先行し、地域の資源に繋がる前に介護サービスを終了してしまった事例が発生してしまいました」とし、「失敗を繰り返さない」とまで書いたのです。

しかし、一方で、大東市の不適切な総合事業の犠牲となった2人の事例については事実と異なる説明でごまかしたり、あたかも本人や医師にその責任があるかのような言い方をしはじめたのです。

【大東市逢坂参事のフェイスブックから】（傍線は筆者）

本日のクローズアップ現代プラスをご覧になって、みなさんは何を感じましたか？地域包括支援センターのプラン担当者のコメントが全く取り上げられていないのが残念でした。

自立という言葉の被害者のように取り上げられていた事例の1人目の方は今は通所リハに通い始めています。もともと、通所介護では楽しいだけで腰痛改善へのアプローチが不足していました。それでは、いくら介護サービスを利用していても自立は目指せません。そして、2人目の方は、もともと主治医が勧めた通所リハの利用を拒否していたため、プラン担当者が大東市の総合事業のサービスCの利用から始めることをお勧めしました。

今回の2人目の方に医師もプラン担当者も、利用者が通所リハに行く意味を理解し、自らサービスの利用を選択（自己決定）するだけの説明能力が足りなかったということだと思います。大東市では一部ではありますが、卒業という言葉が先行し、地域の資源に繋がる前に介護サービスを終了してしまった事例が発生してしまいました。今、その事例の状況を一人ひとり確認しているところです。自立になって、例え介護サービスが不要となっても、その後の活動性の担保と見守りの目が必要なはず。また、不活発な生活に陥らないようにしておかなければ、二次予防事業の二の舞になってしまいます。

今回の2人の事例は介護サービスからの卒業、自立支援について、みなさんに考えていただくために、そして、他の自治体が大東市と同じ失敗をしないために、敢えて隠さず、取り繕うこともせず、取材をしていただきました。結果的に少し偏った放送になっていたことは残念でしたが、多くの人に総合事業のことを知っていただくとともに考えていただく機会になったことは、良かったです。

居酒屋談義で『NHK クローズアップ現代＋』の真相を語る?!

２０１７年９月15日に博多で、『ＮＨＫ クローズアップ現代＋』の真相を語る会が企画されました。57ページのチラシは、大東公民連携まちづくり事業株式会社のホームページに掲載されたものですが、なんと会場は居酒屋です。行き過ぎた「自立」「卒業」推進で深刻な犠牲者まで出している大東市総合事業について、居酒屋談義で「真相を語る」というのです。私たちは、この感覚にあきれるどころか怒りと悲しみさえ感じました。２０１７年11月21日の話し合いの席上で、この逢坂参事は、「当日はＮＨＫクローズアップ現代の話はしていません」と否定していますが、それならこの企画は一体何だったのでしょうか。

大東市は被害者に謝罪すべき

大東市は、２０１７年８月31日の話し合いで、被害者について「本人の医療拒否があった」など自己責任とする発言を行ったことから、大阪社保協では、当事者にも面会し、事実経過を調査しました。その結果、大東市の言い分が全く事実と異なることが判明しました。

２０１７年11月8日には、大東市長あての質問書では次のように事実経過を指摘し、大東市の責任ある見解を求めました。

『NHKクローズアップ現代＋』で放映された事例について

（1）デイサービスからの「卒業」事例について

担当者は、「現在は通所リハに行って腰痛が改善し、自分で買物に行けるようになって喜んでいる」（8月31日回答懇談会）と述べている。また、担当者のフェイスブックには、「自立という言葉の被害者のように取り上げられていた事例の1人目の方は今は通所リハに通い始めています。もともと、通所介護では楽しいだけで腰痛改善へのアプローチが不足していました。それでは、いくら介護サービスを利用していても自立は目指せません」と書かれていた。

質問①　本人に対して、デイサービスを打ち切るにあたってどのような説明を行ったのか。十分な納得は得られたのか（本人は「あなたは風呂に入れるし自分でできるからデイは利用できない」と言われ、「大東市は金がないから」とも説明され一方的に利用できなくなったと認識されている）。

質問②　本人は昨年4月末でデイサービス利用ができなくなってから、今年6月までの1年間「通所サービス」がない状態で放置されているが、適切な対応であったのか。

質問③　本人が孤独感の解消、社会的交流の場としてなじんできたデイサービスの代わりにどのような「通いの場」を提供されたのか（診療所での短時間のリハで会話の時間もなく、デイサービスのような楽しみはないと訴えられている）。
質問④　通所リハビリによって腰痛が改善し、買物が可能になったというが、何を根拠にそのような説明をされたのか（本人は3年程前から電動自転車で近隣へは買物に行っていた。腰痛は今も続いていると訴えられている）。
質問⑤　本件事例は大東市担当者が認めた「卒業強制」の1つであるのか（本人が利用されていたデイサービスセンターには、大東市から他に数人の要支援者が利用されていたが、本人の「卒業」と前後して大東市の要支援利用者はすべて利用できなくなり、現在も1人もいないとのことである）。
質問⑥　本人は、総合事業移行前は、「バランスのとれた食事を摂取する」という目標でホームヘルパーによる「食事内容の把握」等や「調理」が行われていたが、これも終了となり、現在は「生活サポート事業」（有償ボランティア）による「浴室掃除」のみに切り替わっている。高血圧、狭心症等の疾患をもつ利用者への栄養・食事に関するサービスを打ち切った理由はなにか。

（2）短期間で要支援1から要介護5に悪化した事例

担当者は「あれは本人の医療拒否があった」（8月31日回答懇談会）と述べ、フェイスブックには「医師もプラン担当者も、利用者が通所リハに行く意味を理解し、自らサービスの利用を選択（自己決定）するだけの説明能力が足りなかったということだと思います」と書かれていた。

質問①「医療拒否」とはどのようなことをさして言われているのか（本人は糖尿病の治療を始めてから診療拒否などしていない）。

質問②通所リハについて医師の「説明能力」不足とはどのような事実に基づいて述べたのか（医師は当初から通所リハビリの利用を勧めたが、予防プランには提案もされていない。本人も「拒否などしていない」と明言されている）。

質問③予防プランで「元気でまっせ体操」を指導する訪問型Cサービスを提供し本人に合わず中断し、状態悪化に結びついたことについて大東市としてどのようにとらえているのか（本人はC型サービスに対しては大きな不満を述べている）。

質問④専門医がその必要性を指示したサービスが適切に提供されず、本人の心身の状態に合わない総合事業サービスが押しつけられた結果、サービス利用が中断し、その後状態が急速に悪化した本件の事例について、大東市としてどのようにとらえているのか。

大東市は回答も謝罪も拒否

２０１７年11月21日の話し合いの席上で、「事実経過を確認した上で本人に謝罪すべき」と求めましたが、大東市は「謝罪する必要はない」と言い続けました。さらに、同年12月８日の「回答書」では、

「当該質問については個別案件のため、回答は控えさせていただきます」と回答そのものも拒否してきました。謝罪も説明もせずに居直りを決め込む大東市のこの姿勢に「自立」「卒業」路線の冷酷な一面が表れています。

逢坂伸子と語る会@博多

〜NHK クローズアップ現代プラスの真相〜

限定20名！

日時：2017年9月15日（金）

19：00〜21：00

場所：博多居酒屋 隠れ旬どころ

『つまみ菜』

【JR 博多駅 筑紫口 徒歩１分】

参加料：5,000 円(税込)

逢坂伸子　　大東市地方創生局兼保健医療部高齢介護室　課長参事／理学療法士

専門は地域リハビリテーション。自治体に勤務する理学療法士として、障害者をはじめ、幼児から高齢者まで幅広い層に対し、地域における自立支援の取組みを続けている。

今宵、住民主体の介護予防の先駆者として取り上げられた NHK クローズアップ現代プラス（7 月 19 日放送「介護保険の大改革　住民力で費用を抑制！？」の真相を語ります。

平成２９年度からは、市 100%出資の大東公民連携まちづくり事業株式会社主催の「地域健康プロフェッショナルスクール」のスクールマスターとして、そのノウハウを全国に暖簾分けする活動も行う。

お申し込み・お問い合わせはコチラまで　↓

大東公民連携まちづくり事業株式会社　大阪府大東市深野 3-28-3　TEL 072-800-5360

FAX 072-800-5361 MAIL info@matituku.com URL http://matituku.com

第3章 この犠牲、繰り返してはならない

1 『NHKクローズアップ現代＋』に登場したAさんの今

西村 祐美子

要介護の判定が出ると思っていたが…

『NHK クローズアップ現代＋』の映像の中で、要支援1から要介護5になった事例Aさんをご紹介します。

Aさんは70歳代前半。2016年8月に呼吸困難と足が痛くて歩行できなくなったと診療所を初めて受診されました。すぐに検査と治療目的で入院。歩行困難は糖尿病による末梢神経障害によるものでした。

血糖コントロールとリハビリ治療でトイレまでの歩行はなんとか可能となり9月に退院しました。入院中に申請した介護認定の結果は「要支援1」で、要介護の判定が出ると思っていましたので正直びっくりしました。リハビリ専門医の主治医より通所リハの利用が勧められ、家人が通所リハ利用の希望を地域包括支援センターの担当ケアマネに伝えました。

しかし、大東市からは「まずはリハビリ担当者が訪問し、評価をしてからどんなセルフケアが必要か決める」と返事があります。その結果、リハビリ担当者の判断で通所リハは利用できず、訪問看護ステーションが訪問し「大東元気でまっせ体操」の指導と、通所リハでの入浴の希望はお風呂改修（手すりといす）で可能と判断されました。いわゆる「短期集中サービスC」の利用になりました。

「通所リハには医師の意見書が必要」と言われ

「大東元気でまっせ体操」のＤＶＤ（３００円）とＤＶＤ機器を購入し、４回ぐらいの訪問指導を受けたようです。しかしその後は痛みや倦怠感もあり、自分で体操することはほとんどなく、入浴も1回のみでした。その後４カ月間入浴はできませんでした。診療所からは何度も地域包括支援センターのケアマネと連絡を取り、「大東市からは『もし通所リハを利用したいなら通所リハでなければ改善しない理由と3カ月通所リハを利用した場合、どこまで改善するか』を示す医師の意見書が必要と言われている」という返事でした。直接主治医が担当者と話がしたいと回答しましたが実現できず、大阪社保協の日下部さんにも相談しました。そして区分変更をかけようとした矢先、ケアマネが市と交渉し、通所リハが２０１７年2月から週1回の利用で開始になりました。

しかし通所リハ開始時から下肢の血流不全著明で体がとても硬いとスタッフから連絡がありました。自宅でも転倒を繰り返しており、奥さんの話では体が反り返っているので階段からＡさんと一緒に落ちそうになったこともあると言われていました。

現在は要介護５に

４回目の利用で足の指が壊疽しかけているというスタッフの連絡でＢ病院を紹介しましたが入院待ちしている間に重症肺炎を起こし緊急入院になりました。現在症状は安定したもののほぼ寝たきりで、２０１７年3月の介護保険の認定では要介護5でした。自宅は狭く、ベッドを置くスペースもないため現在も入院されています。

2 「早く家に帰りたい」と言うAさんを訪問

新崎 美枝

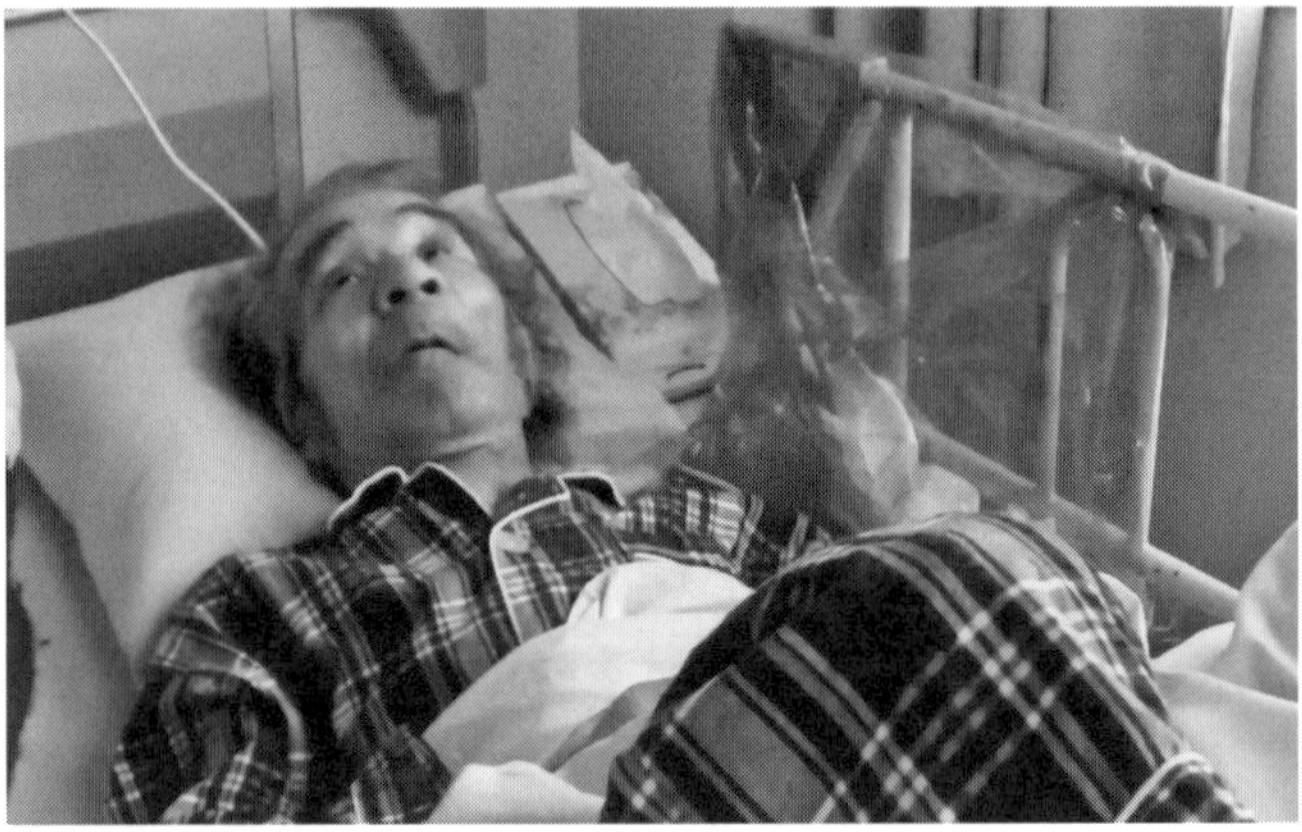

入院中のAさん＝2017年11月、病床にて

私たちは、現在も入院中のA氏さんのもとを訪れ、今の心境を伺いました。「大東元気でまっせ体操」の指導について聞きました。

「テレビの正面にどかっと座って、あーせー、こーせー言うだけ。（手足が）自由に動かんもんやから。（体操指導の担当者が）文句言うてはるのはうちの家内も知っている」「リハビリの先生やったら、リハビリできる状態に持って行ってくれなあかん。口だけのリハビリやったら何にもならへん。これはあかんわ。こんなんテレビ見てリハビリにも何にもならんわと思った」

介護計画では住宅改修をして「1人でお風呂に入ることができる」という目標が立てられ、Aさんはお風呂に入った。ところが…。

「（体操指導の担当者が）風呂入ったか聞きますよー言うて念を押して帰った。1回でも入っとかなあかんわと思って入ったんが運の尽きや。そのあくる日が血圧上がってもうたわけや。それも180の120や。もう椅子に座ってられへん。ふーとなって、もうちょっとあかんわ…。それまで歩けてた。お風呂

に入ってから調子が悪くなった」

Ａさんはもともとお風呂はあまり好きではありませんでした。主治医は専門職の下で観察や入浴を行うように指示を出していたのですが、無理して入り、体調が悪くなったと言います。

次の日、血圧が高かったが受診しなかったことを大東市は本人の受診拒否があったとして説明しています。しかし、体操指導の担当者は血圧が高いことを診療所に報告しておくと言っていましたが、血圧のことは診療所にも妻にも伝わっていませんでした。Ａさんは**「（血圧が高いと）聞いてたら、家内は無理やりでも（診療所に）連れていきよった」**と話し、受診拒否については否定しています。

Ａさんの主治医は通所リハビリで観察が必要としていました。しかし大東市は本人がリハビリを拒否したと言い訳し、通所リハビリを計画に入れませんでした。リハビリに行きたくないって言ってましたかとの問いに**「（行きたくないなんて）言うてへんてそんなこと。嫌やと思っていたらあたまから行かへんって。こっちも頑固**

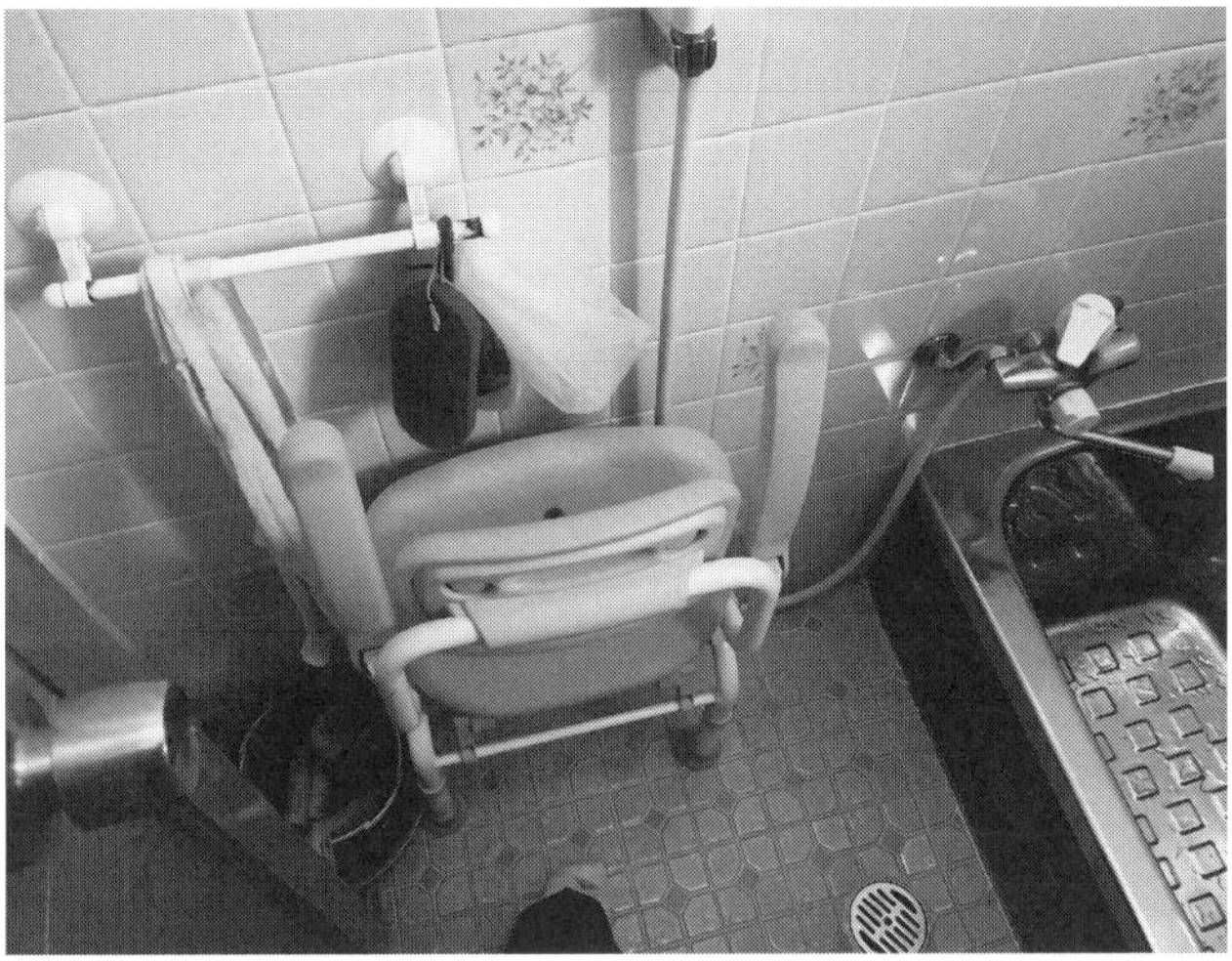

住宅改修（手すりの取り付けと、シャワーチェアーの購入）された浴室＝椅子をたたまないとドアが開かない。入浴中、何かあっても介助者は外から入れない。

やから。体験行ったときに雰囲気が良かったから行かしてもうた」

計画を立てる段階からすでにAさんは地域包括支援センターのケアマネジャーに不信感を持っていたようです。そして、介護費削減の計画が信頼関係を壊してしまいました。

「ほんまうらむわ。ガタガタにされてもうてんもん。ほんで本人（地域包括支援センターのケアマネジャー）はケロッとしてますやろ。悪いことゆうたなぁーと一言でもあったらそこまで恨まへん」

そして、足の壊疽や筋力低下から立位が困難となったことから要介護５と認定され、入院生活が半年以上に及んでいます。

「早く帰りたい。ほんまもういっぺん家の空気吸いたい。11月3日が結婚記念日だった。家内が赤飯と小さいタルト持ってきてくれたけど食べられへん。持って帰ってうちで食べるわ言うて、持って帰ってもろてん」

Aさんは今、「家に帰りたい」という願いをかなえるために取り組んでいます。

※その後、Aさんは２０１８年２月に足指を切断されました。

3　大東市は現場の声を聞く姿勢を持って　橘田亜由美（東大阪生協病院医師）

東大阪生協病院と大東の協立診療所で神経内科医をしている橘田亜由美です。本来であれば会場に伺うべきところを業務のためビデオメッセージで失礼いたします。

大東市の総合事業が始まってから今までは普通に介護保険を申請していたような人でも、申請すら受け付けられなかったり、要支援になったらヘルパーさんが使えなかったり、また総合事業であっても利用可能な介護保険のサービスである通所リハビリを使おうとしたら、３カ月間での改善の見込みと、なぜ通所リハビリでないといけないのかという医師の意見書がおくられてきたり、という具合で、最初はとても戸惑いました

いくら要支援でもその背景はさまざまです。要支援の方の中にも進行したガンの方や重度の内科疾患を持っていて「元気出まっせ体操」や、訪問の体操指導だけで元気になっていくことが困難な方もたくさんいらっしゃいます。私の、進行ガンで独居の患者さんも最後まで訪問看護だけでヘルパーさんに来ていただくことができず過ごされました。

私は要支援が見込まれる方でも介護保険の申請は認め、必要なサービスが受けられること、おなじ要支援でも一人ひとりの支援、介護の必要性を正しく評価をして柔軟に現行制度の利用も認めることが必要だと思います。要支援だからと十把ひとからげにすべてのサービスを受けさせないではなくて、一人ひとりの利用者へのオーダーメイドなサービス配置が必要だと思っています。大東市の総合事業が本当に住民参加で利用者に優しいものになってほしい、これは行政とともに作る以外ありません。

行政に動いてもらえる実態を現場の私たちが明らかにすることが大切ではないでしょうか。すべてのサービスを卒業した人のリサーチと卒業後も必要時には速やかにサービスが受けられる仕組みも提案していかなければいけないと思っています。

大東市も私たち現場の声を真摯に聞く姿勢をもって頂いて、本当に行政と現場の介護、医療の専門職とそして住民が協力、協同してつくる総合事業こそ、真の住民参加の総合事業になると思います。

どうぞよろしくお願いします（大東現地調査に寄せられたメッセージから）。

4　大東市の総合事業を働く現場から見て　ケアマネジャー

現在、各市町村で総合事業が始まっています。大東市は総合事業を他の市町村よりもいち早く2016年4月1日から施行しています。それにより介護保険を利用しにくい環境となってしまいました。なぜ、こんな間違った総合事業が安易にまかり通ってきたのか…働く現場側の視点で報告させていただきます。

「大東市ケアマネジャー研究会」に強制加入

2005年に介護予防給付が成立以降は、大東市は予防給付を地域包括支援センターで一括管理し、居宅介護事業所は担当を外されることとなりました。さらに「大東元気でまっせ体操」を開発、住民主体での活動の場となるよう普及に取り組んできました。2009年には、介護事業の適正化と称して、居宅のケアプランチェックを開始。私たちに新規プランの提出を市へと行うよう求めてきました。提出したケアプランは、採点され、赤ペンで訂正されて返却され修正を求められます。また、要介護5で全介助の利用者のベッドを返却できないかと「レンタル事業適正化」と称して、市に名指しで呼び出されたケアマネジャーもいました。5年近く市との協議を続けましたが、2014年度半ば急にレンタル終了の連絡を一方的に告げてきました。

大東市には「大東市ケアマネジャー研究会」というケアマネジャーだけの独自の集団があります。入会しなければ、大東市での研修会や勉強会に参加できないだけでなく、必要な情報も入手しにくい状況となるため、半ば強制的に全員が加入しないといけない現状です。研究会の中では、予防給付の予防プランを基に「自立プランとは」「大東市における自立支援の定義」を学習させられると同時に、大東市の高齢支援課が主催する新総合事業の説明会も行われます。ほぼ毎月のように「卒業させないといけない」と言われ続け、「こんな制度ができるようになったのは、お世話型のサービスをしているからです」「高齢者でも本人でできることを介護保険で代わりにやってしまっているから、筋力が衰えて年々介護認定が重くなってしまっている。サービスを利用していないのに、何かあったらすぐ使えるからと介護認定を申請する。介護認定の費用だけでいくらかかるかわかっていますか?」と説明会の中で参加者に向かって怒鳴られることもありました。介護保険サービス事業所がどんなにいけないことをしていたのか?と考えさせられる場面がいくつもありました。

このように5年近くにわたるケアプランチェックに加え、新総合事業の説明を1年間…こんな状況下で大東市へ反旗をひるがえす事業所が出るはずはなく、「仕方ないね」と大東市の政策を受け入れていく環境ができ上がっていったのだと思います。

総合事業開始半年後から「卒業」の声が

大東市の総合事業が独裁的な取り組みとなったのは、予防給付を当初から大東市の指導の下、地域包括支援センターが担当していたこと、大東市が時間をかけて住民主体の運動を広げた結果「住民による互助」が他の市町村より少しあったこと、周辺の市に影響を受けず独自の事業を展開させてきたこと、時間をかけてサービス事業所を洗脳してきたこと、このような条件が整っていたため可能となったと考えます。

総合事業がスタートし半年間はあまり変化を感じることはなかったように思います。変化といえば事業所の収入が下がった程度で、市民からも大きな不満の声が上がることも感じられませんでした。しかし、取り組み開始後、半年を過ぎた9月ごろから「卒業」の声が聞こえてくるようになりました。通所リハでは、いきなり「3カ月で終了です。3カ月後には目標を達成できる身体機能をつけさせるように」と地域包括から利用期間の指導をされ、実際に3カ月後には、サービス打ち切りとなった方もおられます。

このような状況があったため、大阪社保協と力を合わせ大東市に総合事業についての懇談会をお願いしました。開催された懇談会では、「学習会や説明会で『卒業させないといけない』と言われ続けられたことから『卒業』が頭から離れない」との訴えを「そんなことは話していない」と否定されました。また通所リハの利用者の現状等を伝えた時は、発言をした通所リハのセラピストに対して「特定疾患の難病の方の筋力維持を目標にすることがどんなにすごいことか、そんなことができるなんてすごいですね」と高笑いをして嘲笑っていました。

「サービスの終了はどうして決めているのか?」という質問には、「ケアプランの内容で地域包括等と会議を行って決めている」と話されたため、「書面だけで判断するのか? 書き方が悪く必要なサービスが受けられなかった場合、見直しをしないのか?」と質問すると、「今後はそうできるように地域包括を指導する」と回答し、あくまでも自分たちの取り組みが問題ではなく地域包括に問題があるとの返答でした。

目先の費用を抑えようとしているだけ

ところが大阪社保協主催で「総合事業を考える会」が行われ、大東市独自の総合事業がメディアにも取り上げられ、問題視されるようになったことで少しずつ大東市の意見が変化してきました。アドバイス会議の席で大東市職員のセラピストが「昨年4月から始めた総合事業で当初強引なやり方をしてご迷惑をかけた人たちがいたことをお詫びします」と謝罪もされました。サービスもそれまでに比べるといくらか緩和されたように思われます。特に関西テレビで大東市の総合事業が放送されてからは「3カ月で卒業」を言われることがなくなったと聞きます。

そんな中でも大東市は、主任ケアマネに新規ケアプランの提示と大東市アドバイス会議への参加強制を続けており、地域包括が中心になって毎月のアドバイス会議を行っています。アドバイス会議のプランは、「リハビリを行うことで生活状況が改善できるプランを中心に提示するように」と地域包括へ事前指示を出しており、改善が見込まれるプランのみが議論されるようになっています。

また、市内の全ケアマネに2016年度1年間分の要介護1、2のケアプランの提出を求め、全事業所から400～500のプランが地域包括へ集まったそうです。この中からプランを抜粋して大東市アドバイス会議の席にケアマネを引っ張り出すようです。

これまでのように、さまざまな方法で大東市はリハビリ介入による自立や、緩和された状況はあるもののサービスからの自立を推進してきました。しかし、大東市の自立の考え方…それは「自宅内で這ってでもトイレに行けたら自立」だそうです。私たち専門職が「人が自立する意味」を考える時、そのような状態を自立と考えることはありません。「自分で全てできる」ことも確かに大切なことでありそれができたらいいのかもしれません…。

もともと人は誰かに依存しながら生きています。ともに支え合い困ったことを親、兄弟、親戚、近所の人たちに助けてもらいながら生活を送ってきました。大東市の生活サポーター制度などの取り組みはそれを形にした取り組みであり否定するものではありません。しかし、大東市がやっていることは、専門職の支援が必要な人たちまでも、その取り組みへと移行させ目先の費用を押さえようとしているだけです。

身体的自立ではなく人間的自立めざして

専門職の支援はとても重要であり身体が動くだけではない、本当の意味での自立を進めるためには欠かせないものです。私たち専門職は大げさに言うとその人の人生を支える仕事です。その人にとってどこを支援すれば豊かな生活になり、活力をもって生活が送れるか？　その視点を大切にしています。「孤立と自立」の違いを明確にし「身体的自立ではなく人間的自立」となるように、その人の立場に立った支援ができるような役割を今後も担っていきたいと思います。

また、厚労省は軽度者の生活援助をさらに介護保険から外す意向を示しています。要介護1、2のプランチェックにおいては大東市も厚労省の意向に沿えるように準備を始めたとも考えられます。

軽度者に向けて大東市がどんな動きをしてくるのか、今後の動きには注意が必要です。

今回、みんなが声を上げたことで総合事業の内容を少し変えることができたのではないかと思います。あきらめずに運動を続けていき広げていく必要性を強く感じています。

5 「自立・卒業」で給付金を出す桑名市の総合事業

村瀬　博（三重短期大学非常勤講師）

「地域生活応援会議」が中心になり

介護保険の「保険給付外し」の先行事例として、桑名市の「総合事業」に対する取り組みについて報告します。

桑名市は、厚生労働省から出向した副市長を中心に、地域包括ケアシステム構築の一環として、2015年4月から「総合事業」へ移行しました。

サービスを利用しようとするすべての被保険者に対し、「介護保険を『卒業』して地域活動にデビューすること」を目標に、「自立支援」への取り組みを開始しました。


その中心となったのが、「地域生活応援会議」（地域ケア会議の一類型）です。

「地域生活応援会議」は毎週水曜日に開催され、要支援及び基本チェックリストにより事業対象となった方のプランを作成したケアマネとサービス担当者に対し、行政・地域包括支援センター職員、理学療法士、管理栄養士、薬剤師会の役員等、約40名が「卒業」へ向けた助言を行います。

（別図１）

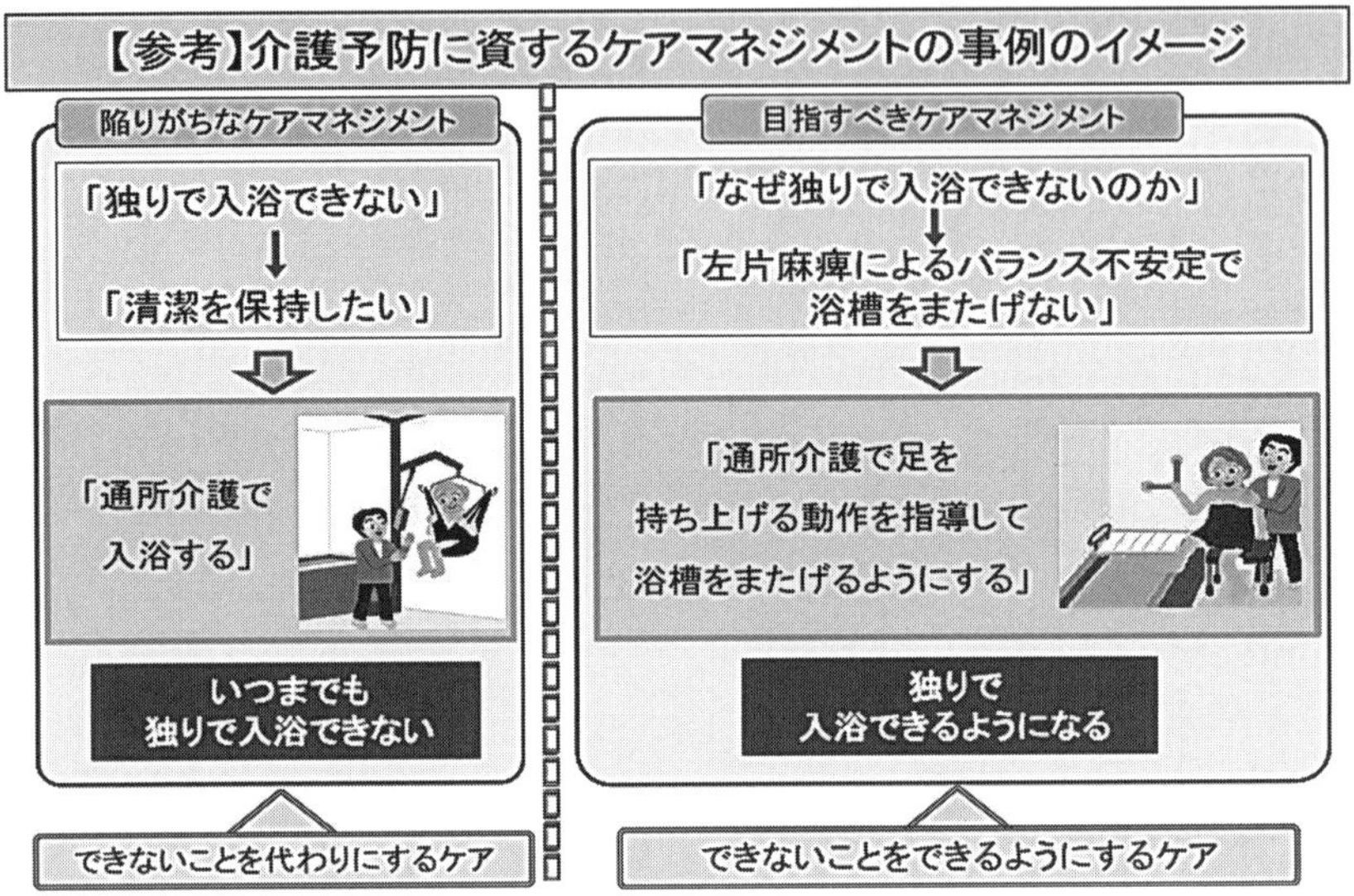

出所：桑名市ホームページ資料

そのモデルとしての内容が、桑名市のホームページに掲載されています（別図１）。

例えば、「陥りがちなケアマネジメント」として、「1人で入浴できない」方が「清潔を保持したい」場合、「通所介護で入浴する」ということを続ければ「いつまでも独りで入浴できない」となってしまいます。しかし、「目指すべきケアマネジメント」としては、「なぜ独りで入浴できないか」を問い、「左片麻痺によるバランス不安定で浴槽をまたげない」場合には、「通所介護で足を持ち上げる動作を指導して浴槽をまたげるようにする」、さらに訪問サービスで「自宅の浴槽をまたげる訓練をする」、こうしたケアマネジメントが必要だとする指導が行われます。いわゆる「できないことを代わりにするケア」から「できないことをできるようにするケア」への転換です。こうした取り組みを、

（別図２）ケアマネジメントの展開過程

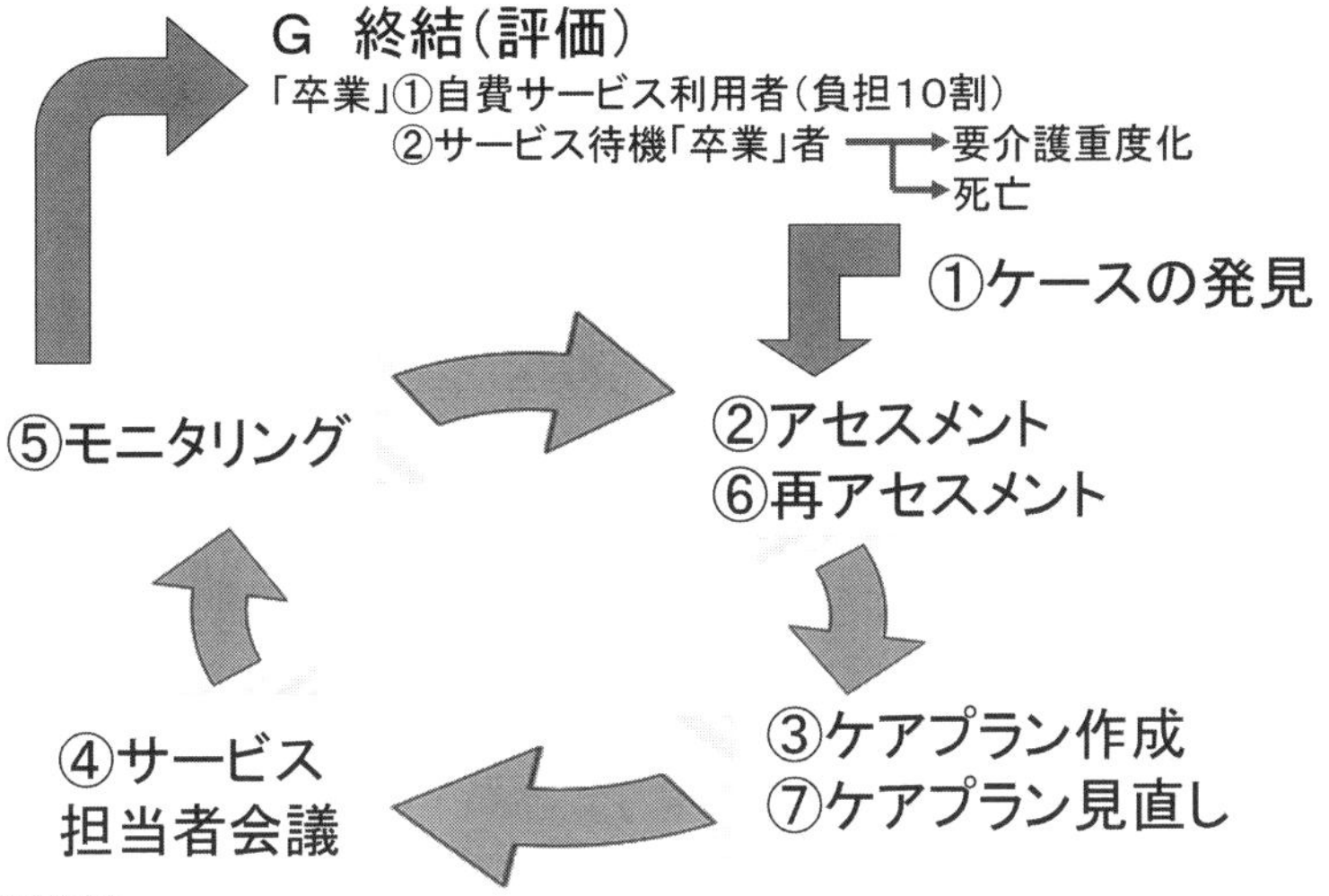

（村瀬作成資料）

桑名市は、原則６カ月の「くらしいきいき教室」という名称での、「サービスＣ（短期集中予防サービス）」をその中心に位置づけています。

常識外れの「卒業」前提プラン

確かに、こうしたケアマネジメントにより身体的に「自立」する方は、一定の割合で存在します。しかしこうした事例が有効な方は、「自立」への可逆性が可能な方（転倒で骨折した高齢者、廃用症候群の高齢者など）に限定されます。通所介護の役割は「利用者の社会的孤立感の解消及び心身の機能の維持並びに利用者の家族の身体的及び精神的負担の軽減を図る」（社会保障審議会給付費分科会委員の発言から）ことも大きな役割で、単に運動機能・生活機能の改善のみに限定されません。その方がなぜ「清潔の保持」「栄養の保持」が必要か、といった高齢者の置かれている生活状況（居住環境、家族状況、収入等）、

「卒業」後の状況調査票（平成29年3月末日現在）
（　桑名市 計　）

「卒業」者の現在の状況	人数	割合%	備考
①自宅で元気に生活（下記の②～⑧の該当する場合を除く）	60	42.3	
②健康・ケア教室に参加	13	9.2	うち1名③も利用
③シルバーサロン、通いの場等に参加	9	6.3	うち1名⑤も利用
④上記以外のボランティア活動に参加	1	0.7	
⑤自費のサービス事業所に参加	13	9.2	
⑥介護保険サービスを受給（自立後、再度サービス受給された方に限る）	27	19.0	
⑦死亡	15	10.6	
⑧その他（　転居　）	4	2.8	
総計	142	100	

（注）「人数」欄へは、主たる状況に基づいて記入してください。（重複する場合は「備考」欄へ添え書きしてください。）

村瀬作成：桑名市回答資料

あるいは本人の意欲といった環境・個人因子の把握を前提とした支援が必要です。「『自立』とは、介護が必要な状態になっても、介護サービスを利用しながら、自分の持てる力（残存能力）を活用して、自分の意志で主体的に生活できること」（増田雅暢『逐条解説・介護保険法』）です。

桑名市が目指す「自立支援」は、介護度の「改善」だけが成果であるとの誤解に基づき、「維持」を正当に評価することを怠っています。一般に年齢を重ねる高齢者のケアマネジメントの展開過程は、「①ケースの発見→②アセスメント→③ケアプラン作成→④サービス担当者会議におけるサービス決定→⑤モニタリング、そして⑥再アセスメント→⑦ケアプラン見直し」といった過程を循環するものです。「卒業」（終結）を前提とするプランは常識外れと言わざるを得ません。（別図2）

さて、桑名市の「卒業からデビュー」を目標とした取り組みの結果について、「卒業後の状況」（平成29年3月末日「総合事業開始後2年」）を調査しました（別表）。

この表中、「⑤自費のサービス事業所に参加」9・2％――これは「負担と給付」の名のもとに導入された介護保険の原則を無視した「詐欺」、何のために長年保険料を納付してきたのかが根本的に問われる事態です。「⑥介護保険サービスを受給（「自立」後、再度サービスを受給）」19・0％――このうち3分の2は要介護状態に重度化しています。「⑦死亡」10・6％――2年前に要支援状態であった方のうち1割以上が亡くなっているということ、元気に「卒業」されたはずの方の数値としては、平成28年9月に国の社会保障審議会介護部会に提出されたビックデータの死亡率6～7％と比べても異常に高い、と思います。

さらに、「①自宅で元気に生活している」42・3％の数値についても、「デビュー」につながらない理由を聞いた地域包括支援センター職員へのアンケート結果は、「行く手段がない」43・6％、「サービス回数が少ない」25・5％、「サービスが合わない」16・4％などとなっており、実態は「担い手」というより、むしろサービスを必要としている方であることが伺えます。つまり、本来サービスが必要とされている方が、「卒業」ということで介護保険のサービスから切り離されている、ということではないでしょうか。

桑名市は、こうして「くらしいきいき教室」から卒業し、6カ月間サービスを受けないで過ごした方には「元気アップ交付金」2000円を支給します。また、「卒業」にかかわった事業者にも1万8000円、ケアマネにも3000円を支給します。さらに、地域包括支援センターにとって「介護保険の『卒業』に至ることができたか」「くらしいきいき教室を重点的に活用しているか」が委託費を決定する基準の1つにもなります。

こうした取り組みにより、要介護認定率は、取り組み前の16・25%から14・01%(平成29年4月)へと低下しています。要支援1相当の方を中心に、桑名市の意向を忖度したケアマネ・事業者の萎縮、自己規制が認定率を押し下げた結果です。

「卒業件数」を目標設定

この取り組みを後押ししているのが、「地域生活応援会議」の評価指標として「卒業件数」を設定していること、その数値を上げることを目標としていることです。29年度の介護保険法一部改正により、各自治体に「自立支援」に関する「財政的インセンティブ」が付与され、交付金の交付が行われることになりますが、桑名市のような取り組みが全国に波及する恐れがあります。

桑名市は、その行き着く先として、平成30年4月から訪問・通所型サービスの「現行相当サービス」を廃止し、住民主体の「サービスB」への移行を進める方針を打ち出しました。

「介護をよくする桑名の会」を立ち上げ

この方針を撤回させるため、市民・事業所職員等による「介護をよくする桑名の会」を設立し、居宅・訪問・通所の全事業者に2回のアンケート調査を行いました。また、学習会・シンポジウム等を計3回開催し、市議会に対し廃止反対の請願書の提出も行いました。私も、参議院厚生労働委員会で意見陳述を行い、ＮＨＫのＥテレ「介護改革のゆくえ」（平成29年9月6日放映）にも出演し、問題点を訴えました。

その結果、桑名市は、「現行相当サービス」廃止の方針を撤回し、平成30年4月以降の存続を表明しました。しかし、「通所型サービスを新規に利用しようとする際には、『くらしいきいき教室』の利用を推奨する」として、「自立支援」に固執する姿勢を変えていません。

大東市は、「自立支援」に消極的な事業所は「総合事業」の指定を行わないことにより、実質的に「現行相当サービス」をなくしていく方針です。利用者・事業者の意向を無視した、サービス切り捨てを許さないための取り組みを共に進めましょう。

第4章 2017・11・17 大東市介護保険総合事業現地調査

1 介護保険事業所を訪問調査

調査にむけて

介護保険から卒業した利用者のその後の状態、そして事業所の経営などを聞く介護保険事業所訪問は今回の大東市現地調査のメインともなるものです。しかし、突然アポなしで訪問したとしても会ってもらえるか、また時間をとってもらえるかという問題があります。そこで、事前に大東市内の居宅系サービス事業所126カ所に別紙調査票を、「11月17日午後、調査票回収に伺わせていただきます」という一文を添えて発送しました。

126事業所の内訳は、訪問介護（35カ所）、訪問看護（13）、通所リハビリ（7）、通所介護（23）、地域密着通所介護（9）、認知症対応型通所介護（2）、小規模多機能居宅介護（2）、居宅介護支援（34）です。

調査当日

大東市内介護保険事業者126カ所を20班90人の調査参加者が一斉に訪問し、事前に送っておいた「事業所アンケート」を回収しながら聞き取りを行いました。大東市は事業者連絡会や各種研修会を通じて事業所への締め付け・統制が徹底していますが、全体の72％にものぼる92カ所の事業所に対応していただき率直なご意見をいただきました。

事業所からの声

○人件費が殆どなので、どれくらい下げられるか心配。が、仕方ない（あきらめ）。ヘルパーは不足している。
○２０１８年度、更新はしない。市が求める要件を満たそうとすると、その余裕がない。
○社会情勢の影響でうつの方がふえている。外に出られない方に、外に行き元気でまっせ体操をしろというのは無理。できない。
○不安を訴える利用者が、ヘルパー外しで、より不安になる。
○認定調査だけ来てすぐに決めている。すぐに自立になる。
○要支援のがん末期の方（70代の方）。区分変更をかけたが、要支援2に認定された。
○ボランティア活用というが、責任持ったサービスができるか疑問に思う。
○仕組みはそのままで、財政的にやり方を変えるのはおかしい。介護サービスを利用することが悪のような感じがする。
○（デイ）ボランティアで、どこまで責任もてるか疑問。ボランティア活用の入浴デイには参入しなかった。
○総合事業が始まってから、他所ではサポーター待ちでサービスをすぐには開始できない。有資格者が行うことについて大東市はいい顔をしない。
○事業所としてはサポーターが足りず困っている。利用者はサービスの質が低下して不満であるとよく聞いている。
○総合事業移行で卒業（強制）になった方が４人いる。強制的に卒業させられ、通いたい希望をもっている方が何人もおられ、事業所から本人に伝えることが大変で精神面でのケアが難しい様子。
○ハードルが高い。やっかい。この制度はおかしい。
○利用者の立場に立ってほしい。対象者が減っている。自費で利用、回数も減らしている。
○要支援の方が利用ができなくなった。何がどこを見て利用者と寄り添っていったらいいのかわからない。
○要介護じゃないと利用ができないことを見学に来られた方に説明するのが大変。
○困っている人（利用者）が増えている
○みなしではやっているが総合事業へは参加しません。
○利用者から「卒業させんといて」との声が上がっている。
○卒業させられた利用者が1人なくなった。
○社保協にやってほしいこと、情報が欲しい。
○利用者40人中、緩和型４人。あとは全員自立（36人）。しかし、その後寝たきりになった人もいる。
○サービスは、やれるのに頼る人にとって卒業させるのは良いが、その人によって状況は異なる。見極めが難しい。市からは改善したか聞かれる。デイサービス事業所の経営はしんどいのではないか。やめた所がいくつかある。地域包括の仕事が多くて大変そう。まず、生活サポートをすすめられる。食事作りより配食サービスをすすめられる。余裕のある方は自費になってしまう。

○ヘルパーさんには収入減でやめた人がいる。

調査活動参加者の感想文から

○訪問した事業所の方は「影響は?」と聞くと、「大変な影響があります」と堰を切ったように話された。大きな不安や不満を感じていることがわかった。40人いた要支援利用者のうち6人のみが緩和型、あとの34人は自立となったという。

○地域包括併設のケアプラン、ヘルパー事業所…「何も問題はありません。よってアンケートは書きません」と極めて冷淡な対応。一般のヘルパー、デイ事業所…総合事業導入後の利用者さんを心配する声、経営が死活である声を聞いた。同じ市内の介護事業所でありながら両極端な対応に、いびつな構造となっていることを感じた。一般の事業所は「私たちの声を市に届けてほしい」とエールを下さった。

○デイケア、リハ施設では、突然利用者が「終了」を告げられ「自信をもって送り出したわけでもないので心配」と話されていた。一部をのぞき、「何か言いたい」との思いを持っている事業所が多いと感じた。

○「総合事業の影響は?」との質問に「さっぱりわやや、やってられへん」と開口、答えられる。「大東市はええカッコばっかりして、道をはさんで隣（東大阪市）はいいのに、大東は一緒の買いものもダメ。『アカン』言われてサービス減らされる利用者はいる。

(1) 総合事業の新サービスには参入されましたか

①参入した　　⇒（サービス種別　　　　　　　　　　　）

②参入していない

(2) 総合事業が実施されて利用者サービスはどうなりましたか

①よくなった

どのような点でしょうか

②変わらない

③悪くなった

どのような点でしょうか

(3) 総合事業移行後、サービスが終了となった利用者はいますか

①いない（これまでと変わりなく利用できている）

②いる（利用できなくなった人がいる）

⇒何人でしょうか　　　　　　人

⇒内訳（サービス終了後の状態）

自費サービスになった　　　　　　　　　　　　人

元気でまっせ体操へ通っている　　　　　　　　人

生活サポートの訪問を受けている　　　　　　　人

何も利用していない　　　　　　　　　　　　　人

不明　　　　　　　　　　　　　　　　　　　　人

(4) 総合事業が実施された2016（平成28）年以降の事業所の経営はどうなりましたか

①前年と比べよくなった

どのような点でしょうか

どのくらい増収になりましたか　　　　%

②前年と比べて変わらない

③前年と比べて悪くなった

どのような点でしょうか

どのくらい減収になりましたか　　　　%

(5) 通所介護、訪問介護の事業所におたずねします。「みなし指定」の更新が平成30年3月にありますが、更新要件（卒業・移行30%以上、市研修会参加等）は満たせそうでしょうか

①満たせる　②満たせそうにない　　③その他（　　　　　　　　　）

(6) 大東市の「自立支援」「卒業促進」の介護保険運営についてどう受け止めていますか

①大いに賛成

②賛成できない

③その他

(7) 介護サービス事業運営で困っていること、大東市にしてほしいことなど自由におかきください。今後の要望・提言にいかしていきたいと思います。

(8) 総合事業についてご意見があればお書きください

ご協力ありがとうございました　　（11月17日午後に回収に伺います）

2　事業所アンケート内容

問題多い大東市の総合事業を改善させるため　事業所の皆さんの声を伺います

大東市は、2016（平成28）年4月から他市に先駆けて「総合事業」を開始しました。

市が直接予防プランに関与し、「自立支援」、「サービスからの卒業」が推し進められ、要支援の利用者の中には、ホームヘルプやデイサービスを「終了」させられた方も多く居ます。

地域の体操などに通っている人もいる一方で、「楽しみにしていたデイサービスに通えなくなり閉じこもっている」「ヘルパーの調理がなくなり、食生活が貧しくなった」などの声が寄せられています。

中には、医師が進めた通所リハビリの利用が認められず、C型サービスで自宅での体操指導がうまくいかず、閉じこもりになり、病状が悪化し要支援1から要介護5までになった人もいます。

大東市は私たちとの話合いの席上「一時期卒業の強制があったのは事実。是正したい」と述べています。しかし、いまだに、ホームヘルプやデイサービスの利用には多くの制限があります。

大東市は、総合事業の事業者に対し、利用者の30%以上を卒業か緩和型サービスに移行していないと「指定更新しない」としています。サービス事業者は指定更新されないと平成30年度からは要支援の利用者は一人も受け入れられなくなってしまいます。

11月17日、大阪府内各地からこの大東市の現状を調査する「大東市介護保険総合事業現地調査団」が取り組まれます。

大東市の介護保険・総合事業を改善させるために皆様方の声をお伺いします。

アンケートにご協力をいただきますようお願いします。アンケートは11月17日の午後、調査団の者が回収に伺います。

11・17大東市介護保険総合事業現地調査団実行委員会
大阪社会保障推進協議会
大東社会保障推進協議会
お問い合わせ先　072—872—5533

・・

総合事業の影響に関するアンケート

大阪社会保障推進協議会
大東社会保障推進協議会

ご利用者のよりよい暮らしのために、日々ご努力されていることに敬意を表します。

このアンケートは、事業所の名前等は一切出さず、集計処理を行います。各項目に当てはまる番号に〇印、またはご記入をおねがいします。

事業所種別　①訪問介護　②訪問看護　③通所介護　④通所リハビリ
⑤居宅介護支援　⑥その他（　　　　　　　　）

3　介護保険事業所アンケート結果

※１２６事業所のうち44事業所より回答がありました。回答率は35％。

（1）総合事業の新サービスには参入されましたか

訪問介護・通所事業所のうち、総合事業の新サービスに参入したところは57％、参入していないのは43％でした。６割近くが現行相当サービスに加え、緩和型Ａなどの新サービスに参入していることになります。

訪問介護・通所介護

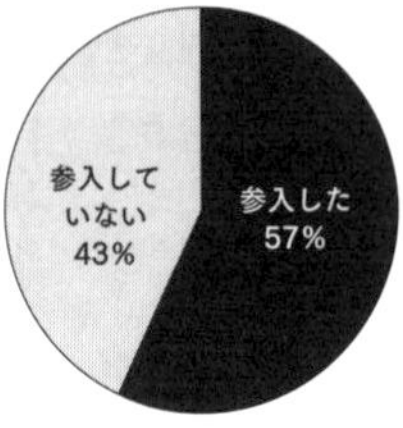

（2）総合事業が実施されて利用者サービスはどうなりましたか

56％の事業所が「悪くなった」と回答し、「変わらない」は32％、「よくなった」は12％にとどまりました。総合事業に参入したものの、利用者サービスは「悪化」と感じている事業所が半数を占めていることになります。

訪問介護・通所介護

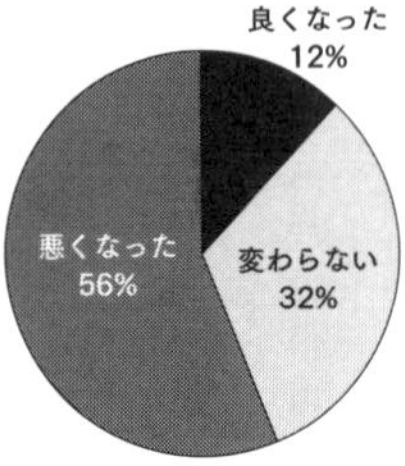

【良くなった点】

○元気な方が多い

○少しでも良くなり自分で何でもできるようになる目標に向けて。

○利用者様に自立に向けたプランを提供できるようになった。

○軽度の方は短期間集中にて回復がみられ、いい意味での卒業が可（本来の目的）。

【悪くなった点】

○当施設、特有のサービスが提供できなくなりました。

○現行相当で改正時平成28年4月から来られている方もおられますが「もうすぐ行けなくなる」と不安で仕方ない様子ですごされておりました。

○「何とかずっと通うことはできないですか？」と言われ他の支援の方もやめていかれ、こちらの対応も大変でした。市役所の方が来られ、負荷を付けて体操しなければ意味がないと言われましたが、92歳になり付けたくないと本人様の訴えもありました（体力的にしんどいため）。

○体力面での著しい低下はありませんでしたが、精神面でのケアが大変でした。

○大東市が介護費用の軽減をモデルとしておこなっていることがありありとしている。医療費とのバランスは数字合わせに過ぎない。

○介護を受けることに対しての不安が強くなりストレスになり日常生活能力が低下した。

○併設するデイケアの利用者様の卒業が相次ぐ。

○時間短縮されヘルパーの負担が大きくなった。
○平等性が保てなくなった。
○今まで利用できていた事業所への利用ができなくなった点。
○事業所の担当が減った。
○事業対象者となり、サービスの回数が減り利用者が困っている人がいる。
○CVAや進行疾患など（廃用ではない）疾患ベースの利用者に卒業ありきで進めることで不安をあおる。
○元気でまっせ体操では困難なことあり。
○訪問看護の利用者で、通所介護に通えなくなり、入浴とか困っている等の話をよくききます。外に出る機会とコミュニケーションの場としても、続けてほしいと思うときがあります。
○支援の方が利用できなくなった。
○時間の短さ、料金の安さ、利用者様の愚痴が多い。

（3）総合事業移行後、サービス終了（卒業者）は

訪問介護・通所介護で64％の事業所で「サービス終了（卒業者）」が「いる」と回答されました。従来のサービスから緩和型Aにも移行せず、サービス終了となった利用者がいる事業所は多数で、市による「卒業」が強力に進められたことが伺えます。

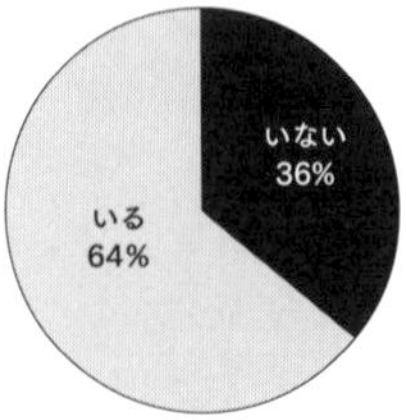

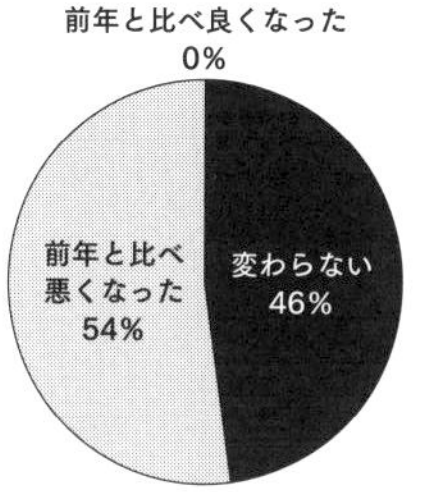

（4）総合事業が実施されて事業所の経営はどうなりましたか

事業所の経営が「良くなった」はゼロで、「悪くなった」が54・2%で最も多く、次いで「変わらない」が45・8%でした。「卒業」（サービス終了）による利用者減や、緩和型サービスによる単価切り下げなど、総合事業は事業所経営に深刻な影響を与えています。

【具体的にどう悪くなったのか】

○利用者が減った。
○売り上げは単価が下がった分、直結し、低くなりました。
○介護認定で介護の新規利用者が減った。
○利用者がいない状態。
○悪くなる一方です。利用者が減る。
○登録ヘルパーが無く困る（減収）。40分で不足しサービスで提供。
○もう総合事業は受けないと決めている。今後は減る。

（5）大東市の「自立支援」「卒業促進」についての介護保険運営についてどう受け止めていますか

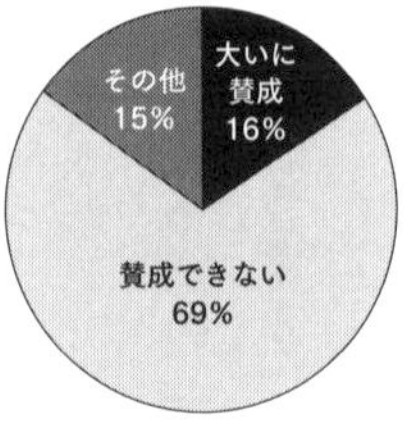

大東市の「自立支援」「卒業促進」の介護保険運営については、多数（69％）の事業所が「賛成できない」との回答を示し、「大いに賛成」は16％にとどまりました。研修や会議で大東市が強力に「事業者教育」を進めてきましたが、多数の事業所はこの運営方針についてはっきり「不同意」を示しています。

（6）介護サービス事業運営で困っていること、大東市にしてほしいことなど自由にお書きください。今後の要望・提言にいかしていきたいと思います。

○大東市は強引で何の要望も聞いてくれない、それが問題だと思う。
○元気でまっせ中心は良いとして、その他のサービスの自由を図ってほしいです。
○高齢者（要支援）の方が弱い所にしわよせがきているとやむなくやめていかれました。
○決まりですからと言われ、納得できないままやめて行かれた方など、今後の生活がもっと良くなるよう、意欲も持って生活できるように説明していただけたらと思います。
○介護サービスを拡充させることで、他市に発信し転入者を増やす。それに比例し税収が増え、市民サービスに活用できると思います。
○事業対象者と要支援の方では体力差があり、同じサービスAでは無理があるため、要支援の方は相当サービスで来れるようにしてほしい。
○大東市の場合、基本「要支援」と認定された時点で包括へ担当が変更となるため、その後どうなったか追跡調査はできていない。ただ、今まで使っていたヘルパー事業所が使えなくなり、やむなく別の事業所へ変更となったケースがあるのは聞いていています（本人はあまり納得しないまま…）。

○平成28年以前より、「要支援」の方は包括へ担当移行となっているため、特段影響はないと思われます。

○初めの内は市からの強制とか指示とか、拒否できる利用者の方はおっしゃってたが、言えない方やおとなしい方にはほぼ強制で変わっていた。1カ月違いで緩和な方に移動した方もいました。矛盾が大きい。

○要介護認定厳しい。

○利用者がまったくまわってこない。

○今回に限っては移行もあるので、現在、市は卒業との声も小さくし、CMは卒業につなげなくなっている。そのプランのなかで事業所にだけ卒業条件はおかしい。

○卒業＝減収。

○生活援助をもっと認めてしてほしい。

○大東市の新総合事業が始まりサービスCなどに移行された方々から、大東市からだけでなく当事業所からも辞めさせられたように思われて辛い。

○認定に対して判断が不透明なことと、卒業の基準が不明確なので、なぜそのような判断に至ったのか　開示してもらいたい。なぜなら、パーキンソンの方が認定を受けれないことや、利用者の介護度を見ても疑問が多い。

○利用などの最終判断をする人は書類を見る人ではなく、本人を一度でも面接をしたことのある人に権限を与えてほしい。

（7）総合事業についてご意見があればお書きください

○事業者としては、利用者に満足して頂けるサービス提供できるかというところですね。自社努力もしますが、報われるものであってほしいです。

○高齢者の方が安心して暮らせるようにしてあげて欲しい。突然、来月からもう使えません（通えない）と言われた方もおられ、途方にくれた様子でした。当事業所にも説明会の連絡が入らず2月末こちらから電話すると、また連絡を入れますとのことでしたが、それからも連絡が入らず、漏れていたとのこと。経営面でも予定が立たず、利用者様にも説明できずわからないことばかりでした。

○デイケアに行かれたAさん。デイケアでは何もしないのでこのままだと悪くなる、デイサービスに戻りたいという訴えも聞き入れてもらえず自費で通われておりました。

○総合事業の影響で利用者が切り捨てられてしまっているのではと心配します。

○利用者様が向上され自立、卒業の方向にいかれるかは現在までは難しいです。ＡＤＬの低下は確実にあります。

○総合事業は良くないことが多い。

○このまま続けていても結果、支援の方が重篤になってもどってくる形になってしまう。

○自立支援のための「元気でまっせ体操」なのに、なぜ事業所に押しつけるのか。そして卒業させなければ事業所が悪いという判断をするのはおかしい。

○利用者に支援を決めるとき（要介護⇒要支援）は事業所の意見を聞いてほしい。
○財政負担の軽減に根拠はありますが、介護保険から医療や補助金に代替えしただけではないでしょうか。

4　出前講座「大東元気でまっせ体操」に参加して

新井 康友

「大東元気でまっせ体操」の取り組みについて

２００４（平成16）年当時、大東市では「要介護認定の軽度者の伸び率が高く、健康意識調査において、高齢者の半数以上が運動不足を認識しているものの、定期的な運動をしている者は３割程度と低い割合」[1)]だったそうです。この結果を受けて、大東市は「高齢者にいつまでも元気に、住みたい地域で暮らし続けて欲しいという思いから、市職員の専門職らが考案した健康体操『大東元気でまっせ体操』の普及に取り組み、『効きまっせ！若ぅなりまっせ！寝たきりならんで儲かりまっせ！』の三拍子をキャッチコピーに、定期的な運動習慣を持つことで、元気になり、若返り、介護サービスの自己負担も減るというメリットをアピールしながら、住民主体の介護予防で地域の活性化に努めること」[1)]としたそうです。

２００５（平成17）年度から始めた「『大東元気でまっせ体操』のコンセプトは、『75歳以上でもできるラジオ体操』。椅子に座っていてもできるなど、高齢者がそれぞれの体力に合わせて参加できる」[2)]ものです。この「大東元気でまっせ体操」のＤＶＤ、ＣＤを大東市民には１つ３００円で、民間事業所および市外の方には1つ1000円（郵送料込み）で販売されています。

「大東元気でまっせ体操」は、「腕を上げて体を伸ばしたり、両腕で交互にパンチしたりする動きを取り入れ、立位でも座位でもできる。このため、元気な高齢者から要支援レベルの高齢者まで、体力や年齢を問わず参加できる。現在、100団体以上が大東市内の公民館や高齢者施設などで毎週活動しており、参加者の体力の維持向上だけではなく、交流が深まることによる相互の見守り効果もある」[2]ようです。この「自主グループは、自治会や老人クラブなどの地域の団体が母体です。その運営を担うのは、市が主催する『介護予防サポーター養成講座』を修了したサポーターで、行政はあくまで黒衣」[3]だそうです。そして、「自主グループをつくるにあたって、近所の虚弱な方も誘うように伝えている」[3]そうです。

「大東元気でまっせ体操」の効果に関する研究として、長期間「大東元気でまっせ体操」をしている群（活動群）と体操をしていない群（非活動群）の比較研究がされており、当初は活動群が非活動群よりも医療費が高くなっていました。しかし、5年目には逆転して活動群よりも非活動群の方が医療費が高くなり、活動の継続が高齢者の体力向上に大きな効果をもたらし、医療費の削減になっている研究成果が報告されています[4]。

このような研究成果もあってか、大東市は「活動が半年以上継続した団体には継続支援として、年2回の体力測定をはじめ、25項目チェックリストや年1回の口腔機能評価、さらには運動、栄養、口腔、認知症のリスクに対する実技と講話を実施するなど、住民主導では困難な部分については行政支援」[1]を行って、活動が継続される工夫をしていると思います。そして、大東市の取り組みは、厚生労働省のホームページでも「地域の実情に応じた効果的・効率的な介護予防の取組事例」[5]として紹介されています。

驚くばかりの出前講座「大東元気でまっせ体操」

私たちが実施した「大東市介護保険総合事業現地調査」の出前講座「大東元気でまっせ体操」には約40名が参加しました。出前講座の講師は、「大東元気でまっせ体操」の発案者である大東市高齢介護室の職員が務め、「大東元気でまっせ体操」の効果などの説明を受け、参加者も実際に体操をさせていただきました。大東市が100％出資をして設立した「大東公民連携まちづくり事業株式会社」が開催する「総合事業改革塾」のチラシにその講師の写真が掲載されているにも関わらず、今日の出前講座中の講師の撮影を一切禁止にした態度には驚きました。

講師からは「体操の先生はＤＶＤです」という説明があり、運動指導員が教えてくれないことに参加者は驚きました。そして、参加者から「体操でケガをした時の保険はどうしているのか？」という質問に対して、講師は「住民主体でやりたい人がやっているので…」という回答でした。また、「ボランティア保険などにみなさん加入されているのですか？」という質問に対しても「『大東元気でまっせ体操』はやりたい市民が集まってやっているので、大東市は関知していない」という回答でした。ケガをしても自己責任だという大東市の無責任な姿勢に参加者は驚きました。そして二言目には、「体操はただですから～」と無料ばかりを強調する発言にも驚きました。

参加者からの感想

○ストレッチは体にとても良いと私も思います。健康に過ごすことはすばらしいです。しかし、介護保険サービスを使うことは悪でしょうか？　同じベクトルに乗せること自体おかしいのではないでしょうか？　「大東元気でまっせ体操」は悪いことではないと思います。でも介護保険サービスの利用も悪いことではありません。一人ひとりに合わせたサービスをきちんと受ける、受けられるものにしていきたいです。

○体操の効能はよくわかります。けれど、これが卒業後の唯一の行き先というのは、やはり疑問を抱かざるを得ません。

○「大東元気でまっせ体操」の体験は貴重だった。しかし、市民に任せる内容ではないと思う。高齢者の誰でもができるか？

○「大東元気でまっせ体操」は本当に高齢者に難しく、事故があった時の補償もすべて個人という考えにびっくりしました。

○直接体験できたのはよかったです。一定の条件がある人向けには良いかと思いますが、そうでない人は振り落とされるし、市として企画推進しながら〝住民でやりたい人がやっているので…〟と行政として無責任きわまりない発言にはビックリです。

○時間が短いと思いました。途中質問というか注意要望（説明者）で講師のピリピリ感を感じました。介護予防の説明の区切りが曖昧に感じました。介護を必要としない私は60代です。体操は座位ストレッチと座位体操だけで終わったので、立位、臥位ストレッチ・体操までして欲しいと思いました。私には素直に、体操はよかったです。が、実体験に至っては運営方法に会場から意見が出て、なるほどなと感じました。
○体操は身体にいいとは思うが、テンポが速すぎないか。
○要支援の人やデイサービスに行っていた人に、これをやれというのは無理ではないか。
○運動は良いと思いましたが、要支援の方や身体を悪くした方にはしんどいかなと思いました。
○体操も良いが、行く曜日が合わないので行けない。

無責任な金勘定の大東市

参加者の声を聞いても「大東元気でまっせ体操」のすべてを否定しません。

しかし結果的には、大東市が「大東元気でまっせ体操」を推奨し、自主グループの組織化を促しているにも関わらず、体操に参加してケガをしても大東市が関知しない姿勢は改めるべきです。体操の参加者は高齢者ですので、参加者の体調管理には注意すべきです。体操を始める前に必ず血圧測定などの健康チェックを行うように義務付けるべきだと思います。これまではケガなどの事故が起きていないかもしれませんが、事故が起きた時のことを想定したリスクマネジメントを行うべきです。特に「大東元気でまっせ体操」はＤＶＤが先生なのですから、ＤＶＤは高齢者の急変時に対応してくれません。

また、自主グループをつくる際に、大東市が近所の虚弱な老人を誘うように伝えています。体操に参加して元気になれば、誘ってくれた友人に感謝をするでしょう。しかし、体操に誘われて参加し、その挙句にケガでもした場合は誘った側・誘われた側の双方にとって悲しい出来事です。特に体操の参加者が何の保険にも加入していないなら、ケガなどの事故があっても何の補償もありません。何かあった際に大東市として、「住民主体でやりたい人がやっているので…」「大東元気でまっせ体操はやりたい市民が集まってやっているので、大東市は関知していない」という回答で大東市民は納得するのでしょうか。

結局、大東市は市民の安全・安心・健康よりも金勘定だけをしているのだと感じざるを得ません。体操の先生をDVDにさせ、儲かっているのは大東市です。大東市民は何の補償もないままリスクを負って体操をしていることになります。

そして、「大東元気でまっせ体操」をすれば、誰もが元気になるという固定観念を払拭して、高齢者一人ひとりにあったサービスを提供し、その人にあった自立支援の方法を考えるべきです。

「介護を受けないことが自立」という考え方は、1960年代に否定されている

大東市の「介護予防・日常生活支援総合事業（総合事業）」に関与する専門職の方はご存知かもしれませんが、1962年にアメリカ・カリフォルニア大学バークリー校に入学した重度心身障害のある学生エドワード・ロバーツ（Edward Roberts）が発した以下の有名な言葉があります。

「他人の助けを借りて15分で衣服を着、外に出かけていく障がい者は、自分で衣服を着るのに2時間も時間をかけて結局家にいるほかない障がい者よりも、自立している」

要支援・要介護状態になって、誰かの介護を必要としても、自分の意思で、自らの生き方を決め

ることが自立です。自己決定権の行使こそが自立であって、そのために、介護保険サービスを受けることは、決して間違いではありません。自分の意思を持ち、その実現に向けて活用できる介護保険サービスを利用することこそ、自立です。

「介護を受けないことが自立」という考え方は、１９６０年代に否定されています。大東市の「自立」を促進し、介護保険制度から卒業させることは、60年前に逆戻りすることになります。

1）東坂浩一「住民主体の介護予防で地域を活性化～大東元気でまっせ体操～」（『市政』APRIL2014、２０１４年、pp17-19）。

2）小沢一郎「介護給付費２・５億円削減へ『元気でまっせ体操』『生活サポート』で効果」（『厚生福祉』２０１７年7月28日、pp10-12）。

3）逢坂伸子「インタビュー　大阪府大東市　逢坂伸子さんに聞く『大東元気でまっせ体操』で住民主役の介護予防を推進」（『介護保険情報』第15巻第５号、２０１４年、pp11-15）。

4）逢坂伸子、中川文子、塩見恭子、落合都「長期間の介護予防活動がもたらす効果と活動継続要因についての分析」（『第47回日本理学療法学術大会 抄録集』Vol.39 Suppl. No.2、２０１２年、p379）。

5）厚生労働省「地域の実情に応じた効果的・効率的な介護予防の取組事例」（http://www.mhlw.go.jp/topics/kaigo/yobou/dl/torikumi_05.pdf、２０１７年12月30日閲覧）

5　出前講座「介護保険」に参加して

どうなっているのか？大東市の介護保険担当

出前講座「介護保険」には32人が参加。大東市高齢介護室から２名の担当者が来られ講師をされましたが、内容が介護保険制度の説明のみで、大東市の介護保険運営についてはほとんど説明がありませんでした。総合事業について質問すると「担当でないので答えられない」との返答でした。参加者から地域包括支援センターの不適切な対応（要支援の人に救急車を呼ばせず、タクシー通院させ、2週間後に亡くなる）について質問しても「把握していない」と返答するなどの対応でした。参加者からは「水準の低い説明だった」「縦割りで大東市の総合事業のことをほとんど語れないのでがっかりした」などの声が寄せられました。

同じ高齢介護室でありながら、担当が違えば、大東市行政の目玉である「総合事業」のことも大東方式のことも全く答えられない。この事態を目の前にして、これは「縦割り」などという次元の問題ではなく、大東市の介護保険・総合事業の運営のいびつさを表していると感じました。

総合事業の企画や運営がごく一部の担当者とトップの間だけで決められ実行されていること、他の職員は介護保険のイロハがわかる程度で、あまりにもレベルが違って話にならず、一部の担当での独断専行を許す土壌となっている姿がまざまざと見えてきました。

参加者の感想から

○一連の説明を聞いたあと、友達が要支援1で救急車も呼んだらいけないと総合事業のヘルパーに言われ病院にタクシーで行ったが、往復7000円かかったと言われていました。その14日後に亡くなられました。包括支援センターが悪すぎる。大東市と同罪（卒業）と言う名で切り捨てています。

○大東市の高齢介護室の説明の時間が長かった。質問の時間が短く、せっかくの企画がもったいないと感じました（大東市の発行している介護保険のパンフレットを使用して簡単に説明しても良かったように思う）。

○総合支援について、「担当がいないのでわからない」という回答が多かったように思います。何のための講座かわかりませんので、「総合事業の出前講座」でも作ったらどうかと言いたくなりました。

○できればこの事業に詳しい方、参加者の質問に答えられる方の市の役人さんが来てほしかった。

6　生活サポート事業「NPO法人住まい見守りたい」との懇談から

新崎　美枝

160人がサポーター登録しているが…

生活サポート事業を行っている吉村悦子さんに来ていただき、生活サポート事業の説明を受けました。

大東市は総合事業を開始時に、訪問型サービスB（住民主体による支援）生活サポート事業を開始しました。運営主体はNPO法人住まい見守りたい（創設は平成16年）で大東市の公募によって選定されました。委託料として大東市は平成28年度500万円、平成29年度828万円を支払っています。

1回30分250円のチケットを利用者が購入して生活援助を受けるというもので、生活サポー

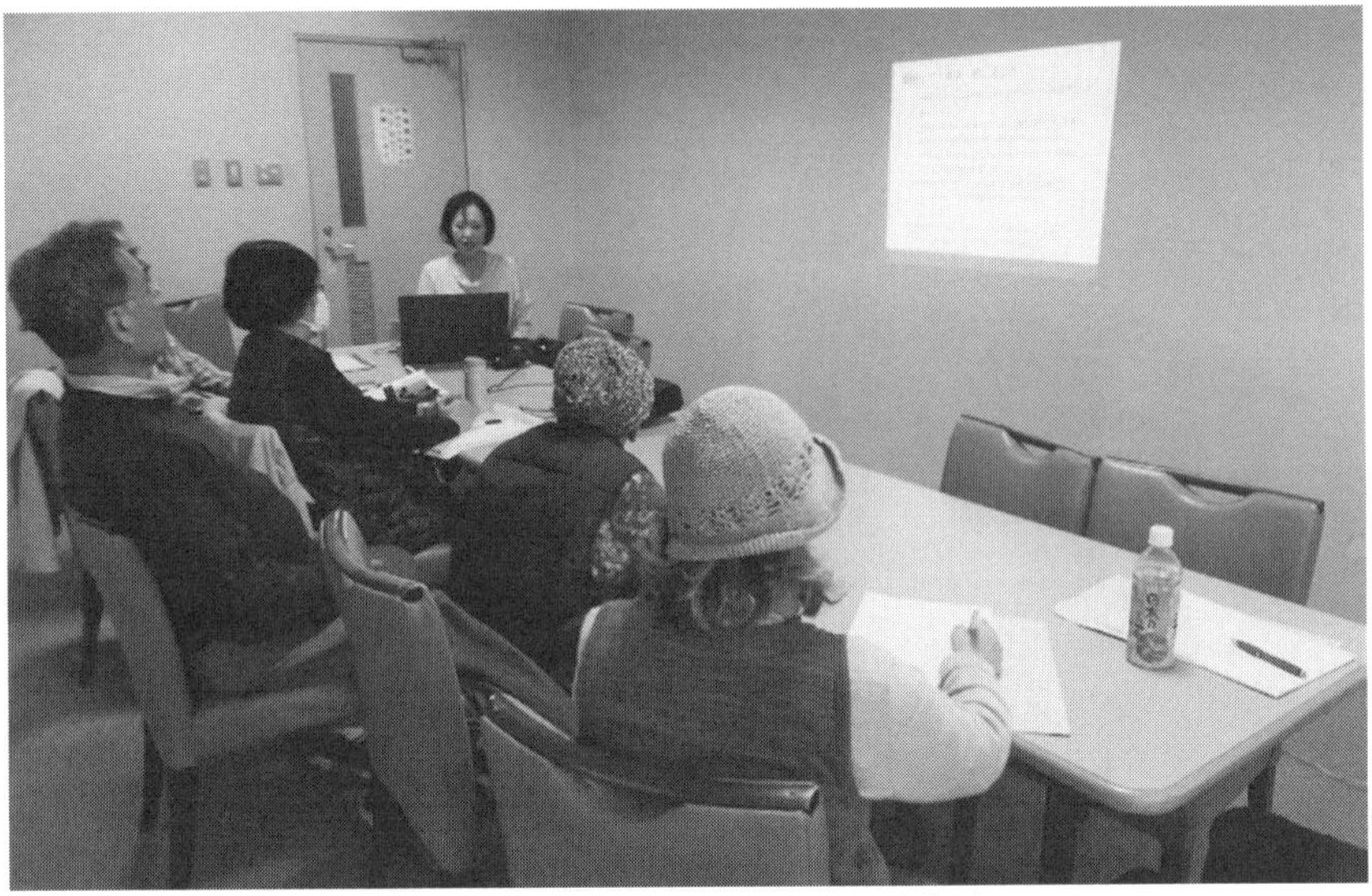

生活サポート事業の説明を聞く参加者

ターには90分の講習を受けて登録することができます。講習内容は生活サポーター制度の概要がほとんどで、介護に携わる専門的な知識を伝える内容ではありません。

今年11月には約500人が講習を受け、160人がサポーター登録しています。毎月コンスタントに活動されているサポーターは78人います。

他市に比べて講習を受けて活動する人数が確保されている理由には多くの努力もあります。例えば大東市には大阪産業大学がありますので、就活にボランティアの実績として生活サポーターの経験を活用されています。人脈で経営学部やサッカー部が地域貢献としても参画しています。また、商工会や商業連合会に呼び掛けて講習を受けてもらうなどの取り組みが行われています。

ボランティアが沢山創出されるというのは一

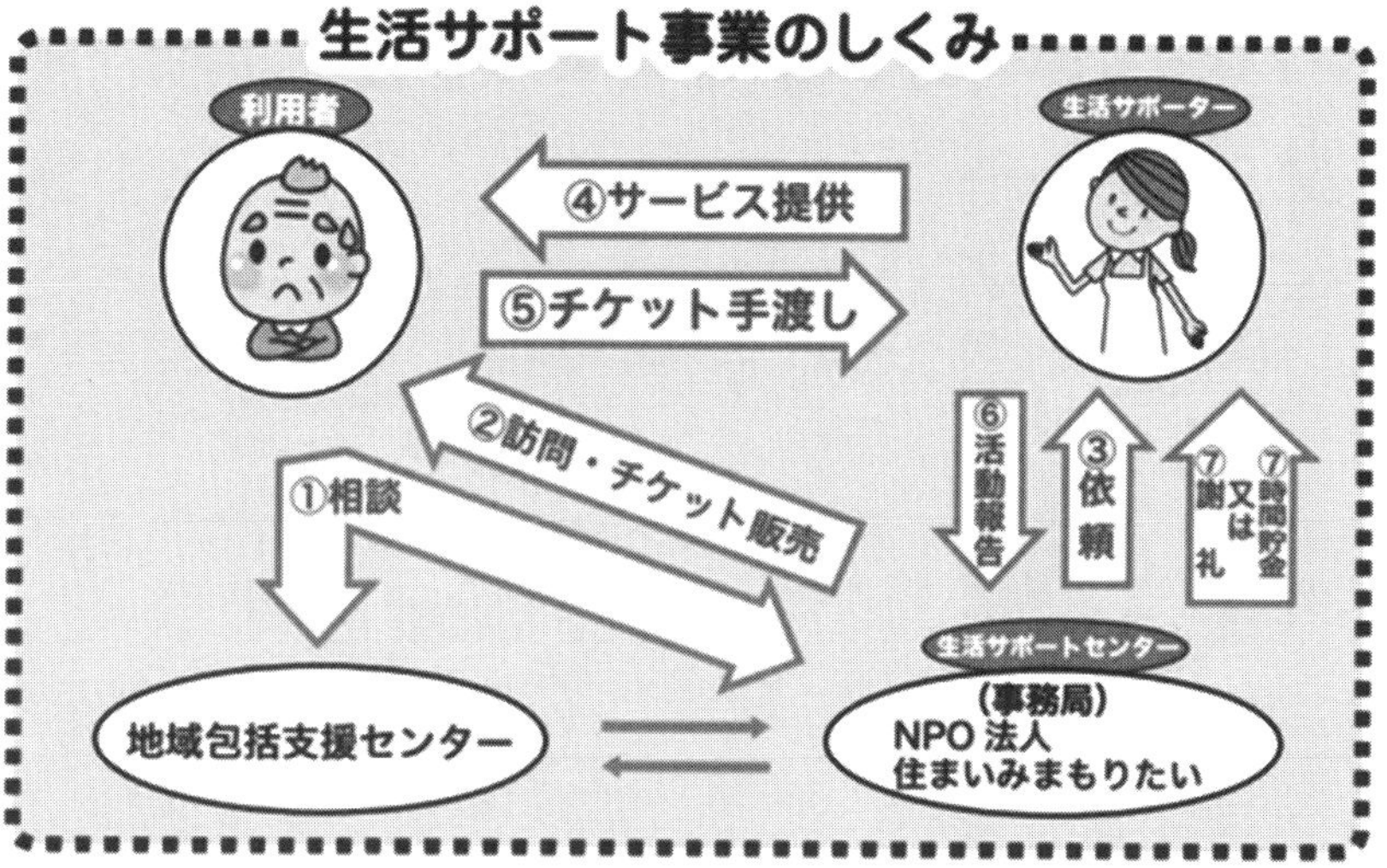

出所：NPO法人住まい見守りたいホームページ

見悪いようには聞こえません。しかし、介護の必要な方へのサービスを格安なボランティアへの移行ですますことは許されることではありません。

サポーターは、チケットを換金、譲渡、将来のために時間貯金をしておくことができます。将来、人手が足らなくなった時、時間貯金をしていれば、優先的にサービスを受けることができるという仕組みにもなっています。この仕組みにも自己責任論が隠されています。元気な時にボランティアをしておけば、将来介護を優先的に受けることができるというものです。逆に言えば、ボランティアをしていなければ、介護を受けることができないかもしれませんよということになります。

利用者はチェックリストで該当項目があれば事業対象者となります。コーディネーターが訪問し必要なサービスを聞き取りし、サポーターさんと利用者をマッチングしてサービスが開始されます。

これまで訪問介護を利用されてきた利用者はヘルパーさんと同じことをやってもらえると勘違いされることも多く、説明とマッチングに努力しているそうです。

大東市は「介護保険制度の範囲ではヘルパーさんができることは限られる。生活サポーターでは草取りや電球の交換、病院の付き添い、お話し相手など多種多様に援助できる制度である」と説明します。これこそ本末転倒で、介護保険制度の中で生活のQOLを維持向上するためのサービスが制限されていることを指摘し、市独自で改善を図るべきです。

また、大東市は2025年には後期高齢者が1・5倍になり担い手が不足するということを理由にボランティアへの移行を進めています。しかし介護職の担い手が不足する根本的な原因は処遇の悪さ、地位の低さにあります。行政の責任として住民サービスに依拠するだけでなく、介護職の処遇改善と創出に力を入れるべきではないでしょうか。

訪問介護の生活援助は軽度な支援であるからボランティアさんに移行していくという考え方は、これまで専門的に支援してきた訪問介護を否定することにつながります。介護を必要とする方、要介護状態となられた方の背景は、十人十色です。ヘルパーは、利用者の状態を把握し、異常の早期発見、尊厳や秘密を保ち続ける責任を負い、関係機関と連携しなければなりません。要支援・要介護認定者のほとんどが専門的視点での生活援助が必要なのです。

厚労省は2012年に、医療行為として医師と看護師にしか認められなかった吸引や経管栄養を、研修を受けた介護士に行わせることを決めました。さらに2015年には医師にしか認められなかった医療行為の動脈血採血等38行為を看護師に特定行為として行わせることを決めました。そして今回２０１６年、大東市では介護士やヘルパー資格者が行っていた要支援認定者への生活援助をボランティアへ移行していきました。格安サービスへ移行し、介護費削減していく動きは許されるものではありません。

参加者からの意見や質問

――コーディネーターは専門職が担っているのか？

コーディネーターは特に資格を持っていなくてもできます。非常勤を合わせて４名体制でほぼ最低賃金で働いています。

――もし、サポート中に事故が起きたら保障はあるのか？

保険に加入しているので保障されます。

――10年先を見通したとき、貯金した時間は保障されるのか？

そんな先まではまだ分かりません。

――利用者とサポーターさんの間で（ヘルパーさんと勘違いするなどで）トラブルはないのか？

トラブルは特にありません。このサポーターさんでいいですか？と、納得されてからサービスに入ります。合わなかったらすぐにサポーターさんを変えます。

――有償ボランティアとは言えども、立派な労働だとも言える。最低賃金や労基法には引っかからないのか？　将来的に問題になってくるのではないか？

特に問題とは言われていません。

――シルバー人材センターの仕事と競合しないのか？

対象者は65歳以上でチェックリストにより事業対象者となられた方のみなので、競合することはありません。

7　デイハウス「NPO法人栗の木」訪問から

新崎　美枝

「NPO法人栗の木」は元気に明るく生活したいという願いのもと開設されました。利用者は閉じこもり予防、認知症予防の施設として位置付けられ、対象者には1日当たりの補助金が支払われています。当初は街角デイハウスとして開設し、大阪府が街角デイハウス支援事業として補助金が支払われていました。府内には多くの街角デイハウスが開設されていました。

しかし、橋下大阪府知事の時に補助金事業が廃止されてしまいました。大阪府にはしごを外された街角デイハウスは閉所するところも出ており、現在も続いている施設は限られます。大東市は独自に補助金制度を作り、ふれあいデイハウス事業として継続していますが、補助金はわずかで、どこも維持費とボランティア不足で運営が大変です。

大東市では2016年4月から要支援1、2の方のデイサービスを卒業させて、ふれあいデイハウスを紹介するという事例が増えました。資格を持たないボランティアでおこなっているふれあいデイハウスですが、トイレの介助など介護の必要な方の紹介が増えてきました。最初にも記述しま

昼食時の様子とメニューは、鯵のフライ・かき揚げ・ポテトサラダ・大根おろし・千切りキャベツ・トマト・豚汁

したが、閉じこもり予防や認知症予防が目的で開所している事業なので、バリアフリーなどの環境も不十分で、介護専門職も配置されておらず、介護を必要とする方の利用には適していません。大東市ではデイサービスの利用制限を行った結果、条件が合わず利用者がたらい回しに合うということも起きています。そこで、今回の現地調査でふれあいデイハウスの訪問を行い、ご意見を聞くことにしました。

笹井きよこさん（羽曳野市議会議員）のフロア発言から

「NPO法人栗の木」というふれあいデイハウスへ6人で訪問をさせて頂きました。元気で介護予防をされている高齢者の方々とそれをサポートしている方々がアットホームに健康を維持しながらできるだけ楽しく明るく生活していきたいということが伝わってきた施設でした。

もともとの街角デイハウスは羽曳野市にも2カ所あります。府と市が共同で補助金を出して設立されましたが、途中で府がはしごを外して補助金がなくなってしまいました。羽曳野市では1カ所300万円ぐらいの補助金を出して継続できていますが、「栗の木」では家賃の7万2000円と光熱費は冷暖房の必要な時期のみで合計9万円。3カ月間は光熱費が出ないということ年間100万円弱の補助金で運営されているそうです。

運営は1回800円の利用料（昼食代込み）とあとはすべてボランティアです。食事を作っていただく方に少しでもお礼をしたいということで、みんなで少しずつ出し合っていますが、「そんなのはいらない」「みんながここで元気に集っていただけることが一番いいんだ」とおっしゃっておられました。

今日は手芸のパッチワークのボランティアの先生が来られていましたが、みなさんが共同で作り上げているふれあいデイハウスであると感じて、ますます大阪府が作れ作れと言ったのに補助金を止めてしまったことに、大変今日は怒りを覚えました。

今日はテレビ大阪の取材もあって、「大東元気でまっせ体操」のDVDをかけ、体操をみんなで行いました。『栗の木』はスペースが狭いので、なかなか体操にも取り組みたいがやれやれと言われても、なかなか思うようにいかないんだ」と語っておられました。それでも、ある88歳の方は、椅子に座ってする体操だったのですが立って最後までされました。普段も毎日2000～2500歩と歩いて自分でも健康を保持するように頑張っておられるそうです。

やっぱりもちろん個人の努力も必要だと思いますが、個人努力に任せたりボランティアや人に頼るようでは続かないのは当然です。だからやはり介護保険の仕組みを根本から変えて、しっかりと介護予防するのであれば行政がそれに向かってどうしていくんだということを考えていかなければいけないと思います。『栗の木』はとても楽しい場所でした。みなさんもぜひお誘い合わせて行ってみてはどうかと思います。ありがとうございました。

利用者の声

○私たちは『栗の木』に通うことが生き甲斐となっています。

○一緒にご飯を食べて、たくさんしゃべって笑って、趣味活動することが元気の源になっています。

○利用料が800円なので週3回は苦しいけど週2回（月6〜7千円）で通っています。

8　市民相談会を実施

浜　まき代

大東市の介護保険からの「卒業」の実態はどうなっているのか。事業所訪問等もしながら、市民の声を拾い、必要であれば対応もしていこうと、事前に2万枚のビラ（107頁）を戸別配布し、11月17日の調査日には、市民会館の1室に4人の相談員を配置しました。

市民からの相談は7件、感想文中のケース以外の相談内容は以下のとおりでした。

○男性の妻から

夫が肺がん。うつ病があり、訪問看護を月2回きてもらっているが。膝の痛みもある。要介護4から要支援2になり納得できない。不服審査中。

○男性

デイサービスが閉鎖され現在なんのサービスも受けていない。また今までのようにデイサービスに行きたい。市の体育館で元気でまっせ体操しているが、遠くて行けない。

○女性

現在入院中の父親（要介護5）のことで相談。入所施設はお金がかかるので自宅で看ようと思うが、認知症もあり、どうすればいいだろうか。

○女性

夫（90歳、2017年9月まで要支援2）について。デイサービスが閉鎖。現在は更新をしていない。去年9月以降はなんのサービスも使っていない。2カ月ほど前にケアマネから様子うかがいの電話があり、夫の状態が以前より悪くなっているのでどうしたらいいか相談したら、リハビリの病院を紹介され週1回通ったが、現在自宅で週1回訪問リハに来てもらっている。デイサービスに行きたい。

○女性

夫が心筋梗塞。呼吸器・心療内科にかかっている介護申請したいのでいろいろ教えてほしい。

○女性

タクシー券についての質問。

市民相談員（浜まき代さん）の感想から

大東市介護保険総合事業現地調査に参加し、午後の現地相談会で相談活動を担当させていただきました。

事前に1万枚以上のビラを配布し、当日の電話と大東市民会館での現地相談を4名の相談員で対

大東市民のみなさん

こんなお困りごとありませんか？

ごめんね

ヘルパーが使えない！

リハビリができなくなった！

リハビリしたい

良くなっていないのに介護認定が下がった！

3 → 2

どうして？

デイサービスに行けなくなった！

デイサービス

いきたいなあ

大東市介護保険

市民相談会のご案内

日時　2017年11月17日金　13時～17時

場所　大東市民会館（〒574-0076 大阪府大東市曙町4-6）

・当日会場に来られない場合は、TEL070-1807-3838までお電話ください。

主催　大東市介護保険問題現地調査団

（大阪社会保障推進協議会　大東社会保障推進協議会）

事前に以下の内容をfax072-872-5533まで頂ければ当日**ご自宅に相談員が訪問**してお話をお聞きすることも出来ます。

ご相談内容

お名前

ご住所

ご連絡先電話番号

応しました。全部で7件の相談があり、内訳は電話相談3件、実際にビラを見て来所された方4件でした。新規相談や、施設入所の費用の相談もありましたが、うち3件が大東の総合事業に関する相談でした。

2件のケースの紹介をします。

ケース①　要支援1の男性。ご夫婦で来所。半日の運動型のデイサービスに行っていましたが、行っていたデイサービスが閉鎖となったため今は全くサービスを受けておられません。地域包括のケアマネから「大東元気でまっせ体操」に行くように言われましたが、遠いし行く気がせず、前のようになんとかデイに行かれないかということでした。「相談するにも今はサービス利用をしていないため、だれに相談すればいいのかわからない。デイでは楽しく体を動かせていてずっと続けたかった。介護保険料も払っているし、悪くなってからでは遅い」と訴えられました。

ケース②　要支援2の男性。妻が来所。「大東元気でまっせ体操」の出前講座の受講者。DVDを見ながら指導を受けているが、「88歳の夫がこの体操を続けたからといってよくなるようには思えない。このままでいいものだろうか」ということでした。

相談に従事して感じたことは次のとおりです。

○大東市の要支援認定の方はいったい誰に相談をすればいいのか？　担当ケアマネはすべて大東市のいうプランに従う地域包括のケアマネです。委託は全く行っていません。身近に相談ができるケアマネがいるというのは大変心強いものですが、今の大東市の要支援認定の方は不安でいっぱいではないでしょうか？　市にも状況を代弁してくれ、気軽に相談できる窓口が必要ではないかと思います。

○介護申請が寝たきり等の人でない限り水際作戦で役所窓口ではねられ、「ご相談伺い」⇓「チェックリスト」へと誘導されます。介護申請をする権利があることから考えるといかがなものでしょうか？

○認定調査も厳しく大東では「這ってトイレにいくことができれば自立」という言葉が横行していると聞きました。他市ではないことだと思います。ケアマネも大東市の厳しさにモチベーションを失っているとのことです。

短い2時間ほどの相談活動でしたが、藁をもつかむ思いでわざわざ相談に来た方がいたということは、大東市の総合事業の酷さを物語っていると思います。大東市のやり方を決して他に広めてはいけません。実態を周囲に知らせていく活動が大変重要だと思います。そして、私は大阪市で仕事をしていますが、大阪市のいうことに決して委縮することなく問題点を指摘し、地域住民、事業所、関係機関、自治体とともに介護保険制度をよくする活動をしていきたいと思います。

第5章 大東市への要求、話し合いの経過
～口先だけの「是正」でなく「自立」「卒業」策の転換を求めて

日下部 雅喜

1 大東市問題とこれまでの経過

（1）1件の相談がきっかけに

大阪社保協が「大東市問題」に取り組むきっかけは、2016年12月の大東市内の医療機関からの相談からです。

「糖尿病による末梢神経障害で歩行困難になり、入院治療し「要支援1」で退院され、主治医から通所リハビリの利用を指示された。ところが大東市はこれを認めず、「大東元気でまっせ体操」を自宅で行うよう指導されたという相談です。第2章、第3章で紹介した事例ですが、体操どころか入浴も4カ月以上できず糖尿病も悪化し足指が壊死する状態になり、さらに他の病気も併発し入院となり、2017年3月には「要介護5」まで悪化し自宅に帰れなくなったという事例には大きな憤りを感じました。

（2）対策会議設置し集会開催、改善要望書提出

2017年2月、大阪社保協は、大東社保協、全日本民主医療機関連合会加盟の協立診療所、日

本共産党市会議員団とともに「大東市介護保険問題対策会議」を発足させ取り組みを開始しました。

２０１７年４月22日に「大東市の介護保険・総合事業の1年を検証する集会」を約２００人の参加で成功させ、大東市には９項目からなる「改善を求める要望書」を提出しました。

(3) 大東市の文書回答

大東市は、この要望書に対して、２０１７年６月17日に「回答」を文書で行いましたが、私たちの指摘した実態には何ら答えず、自らを正当化する不当な内容でした。

(4) 2017年8月31日話し合い

８月31日、大東社保協は、市当局と「介護保険・総合事業の改善を求める要望」についての話し合い（回答懇談会）を行い、大阪社保協と北河内ブロックを含め50人が参加しました。大東市側は大石高齢介護室長と逢坂参事他1名が対応。２時間程度の予定であったものを大東市側が「次の予定があるので1時間にしてほしい」としたため、かなり省略した話し合いとなりました。

まず「生活サポーター」（有償ボランティア）ありき

利用者のサービス選択権を尊重し、「現行相当サービス」の利用を制限しないよう求めました。大東市の回答は「総合事業につきましては、サービスの利用を制限するのが目的でなく、自立支援に資する取り組みを推進し、介護予防の機能強化を図るもの」というものでした。

社保協側から、要支援者が現行相当サービス（ヘルパー、デイサービス）の利用が制限されている事例が出されました。特にヘルパーが利用できず「生活サポーター」（住民主体B型・有償ボランティア）に回されている事態が紹介されました。「ヘルパーが入れず生活サポーターになり、水分補給等のケアができなくなり、熱中症、脱水症状の人が増えた」「腰椎圧迫骨折の要支援者に現行相当サービスの利用が認められず、生活サポーターが対応できないため、訪問看護が食事の準備をしている」などです。

大東市は、「新規の人には、まず、生活サポーターを利用していただく。継続の方には、生活サポーターを提案している」とし、対応できず専門職によるサービスが必要と判断されればヘルパーによる対応もあると述べるにとどまりました。（傍線は筆者、以下に同じ）

要介護認定申請

要介護認定申請の制限を行わず、すべての相談者には、要介護認定申請を案内するよう求めましたが。大東市の回答は「迅速なサービスの利用を可能とするために、基本チェックリストの利用を勧めています」というものでした。

しかし、現場からの声として、「窓口まで歩いてきた人に『申請できません』と断った」「ケアマネジャーへの締め付けで『認定申請代行すると目を付けられる』という意識が広がっている」「認知症の人にも『トイレまで歩いて行けるのなら申請は必要ない』とさせてもらえなかった」などの例があります。

これに対し大東市は、「断ることはしないはず。そう受け止められているとすれば窓口での言い方の問題なので、伝える」とのべましたが、問題となっている「窓口対応マニュアル」の見直しについては否定しました。それればかりか「認定申請で40日待つのとチェックリストでその日に事業対象者となるのとどちらが便利か」と問題をすり替え、「認定で上がってくる主治医意見書の大半はリスク情報などの記載がなく認定必要としか書かれていない」など、医師の意見書を愚弄するような発言も繰り返しました。

卒業強制、「自立」押しつけ問題

サービスからの「卒業」強制について、「インスリン投与が必要な状態で退院。軽度の認知症もあるため、指導のため訪問看護を計画したが、継続的なサービス計画を立てるべきではないと市から指導された」「更新時、要介護から要支援になった。デイサービスの中止を提案されたが、デイサービスに行っている日が家族にとって唯一のレスパイトケアであったため、市に直談判して継続してもらえるようになった。直談判できない人はあきらめているのではないか」「デイを卒業しても1人で外出できない人がいる。閉じこもっている」などの事例をあげて大東市の見解を質しました。

大東市は「平成28年度の一時期に卒業の強制があったことは事実です。その時にそうしたことがないようにケアプラン担当に徹底したが、最近も一部にその傾向があったので再度7月にケアプラン担当者を集めて周知徹底した。本人・家族の同意を得ること、担当1人で判断しないこと、卒業する人のその後の状況を把握することなどを伝えたので、今後は卒業強制はないと思う」と答えました。

しかし、『NHK クローズアップ現代＋』で紹介された2つの事例については、大東市の責任を断じて認めようとしませんでした。特に、医師の指示した通所リハビリの利用ができず、症状が悪化し短期間のうちに要支援1から要介護5になった人については「あれは本人の医療拒否があった」などと自己責任にするような発言があり、参加者との間で議論になりました。

話し合い開始後1時間を過ぎた時点で、対応していた参事は、やり取りが途中であるにもかかわらず「時間ですし、次の予定がありますので」と一方的に席を立って会場を出ていったのです。参加者から「逃げるのか」と声が上がると、今度はドアを開けて入ってきて参加者をにらみつけ「逃げていません！」と捨て台詞をはいて立ち去りました。参加者からは「あれが公務員のとる態度か」と怒りの声が上がっていました。

(5) 大東市当局話し合い拒否

話し合いが途中で終わったため、大東社保協は、再度の話し合いを行うよう当局に求めていきました。ところが、9月21日に第2回目の懇談会を求めたところ、大東市高齢介護室長は、「要望書に対する説明は1時間で十分だと思っているので、これ以上時間を取って偏った考え方の人たちと懇談するということは現時点では考えていない」と全面的に拒否したのです。さらに「大阪社保協通信1165号」の当日の担当者の公務員にあるまじき言動に対する指摘に対し、「侮辱であり謝れ」とまで言い出す始末でした。

大阪社保協と大東社保協は、こうした大東市の不当な態度について「行政に対する住民の要望については、誠実に対応し説明責任を果たすべき行政当局者が『偏った考え方の人たち』などと、思想信条で差別し、懇談時間を直前になって短縮しておきながら、やり取りの途中で一方的に席を立ち、感情的な捨て台詞を残して立ち去った態度を反省することなく、逆に『謝罪』を求めるなどあるまじきこと」として強く抗議し、再度話し合い開催を重ねて求めました。

2　11・21大東市との話し合いでの到達点

２０１７年11月17日の大東市介護保険総合事業現地調査行動から4日後の11月21日、大阪社保協は大東社保協とともに、大東市の介護保険・総合事業の改善を求めて話し合い（懇談会）を行いました。社保協側は約20人、大東市側は大石高齢介護室長と逢坂参事ら3人が対応。前回（8月31日）の話し合いが中断したままとなっていたため継続の話し合いとなりました。なお、この話し合いには、テレビ局が取材を求めていましたが、大東市側は「認められない」と拒否した状態で行われました。

「卒業強制」の事実は認め、是正を確認

大東市では昨年4月の総合事業移行によって、要支援1、2のホームヘルプサービス、デイサービス利用者の多くが一方的にサービスを打ち切られる「卒業」が行われています。

大東市は前回の話し合いで、「卒業の強制があったのは事実」「そのようなことのないよう地域包括支援センター職員に周知を行った」と述べていました。

これについて、「卒業」の強制とは具体的にどのようなものであったのか。また、何人に対して行われたのかについて質問しました。

大東市は、何人が「卒業強制」であったか「件数は分からない」という無責任な説明を行いました。現地調査の中でも利用者・事業者の双方から『もう現行サービスは使えない』と打ち切られたという声が多数ありました。社保協側はその事実を示し追及しましたが、大東市（逢坂参事）は「していないとは言いきれないが、もしあれば個別に対応する」と述べました。

やり取りの中で、①「現行相当サービスは使えない」という言い方はしない、②本人・家族が不納得な場合はサービス終了しない、③もしこれとちがうことがあった場合は是正する——の3点は「確認できる」としました。

サービス終了者の現状把握は「地域の見守り」任せ?

大阪社保協は、サービス「卒業」となった人の現状を把握し公表するよう求めていました。大東市は2017年10月に　卒業者（サービス修了者）の「現状」について126名の一覧表を情報公開しましたが、内容に多くの疑問・不明な点があったため、その説明を求めました。

大東市資料の中で「地域資源（「大東元気でまっせ体操」など）移行」とされている人について、大東市は、「あくまで終了時点でのこと。全員の現状については把握していない」と回答。「元気でまっせ体操では、2カ月以上参加がなければ体操グループから地域包括支援センターに連絡が入ることになっている」と、サービス終了後の見守りが「地域任せ」であることが明らかになりました。

現地調査の中では事業所から「サービス終了者の中でその後死亡された方がいる」という聞き取り調査結果もありました。このことについて質問すると「癌などで亡くなった方がおられることは知っている」と答えましたが、大東市の集計表は死亡者は1名もなくつじつまの合わない事態となっています。社保協側は、「公開質問書を出しているので、卒業者の現状把握についてはきちんと回答せよ」と求めました。

「要介護認定申請は権利。窓口で拒否しない」と確認

大東市では、「歩けない人・予防給付のサービスを希望する人」以外は窓口で要介護認定をさせず「基本チェックリスト」に振分ける窓口対応マニュアルがあり、総合事業移行後、要支援認定者は激減しています。

前回の話し合いで大東市は、「要介護認定申請を断ることはしないはず。そう受け止められているとすれば窓口での言い方の問題なので、伝える」と答えていました。しかし、その後も「歩ける人は申請できない」と言われた人が何人もいる事実を示し「どうなっているのか」と質問しました。大東市側は、「窓口ではそういう対応をしていないと聞いているが、断られたと受け止められている方についてはこちらに来ていただければ対応させていただきます」と述べました。

社保協側は、介護保険担当外の市役所窓口で断られた例もあること、役所内で周知徹底されていないことを示して追及しました。また、「大東市受付案内マニュアル」では、本人が歩けて予防給付のサービス利用も希望されない方は要介護認定申請を案内しない『基準例』となっていることも指

摘しました。大東市側は、「認定申請は権利なので断ることはできない」と認めました。大阪社保協側は重ねて、「大東市は、申請理由を問わず認定申請は受け付ける。役所窓口で断られることはないと約束した。こういうことでいいか」と念を押し、大東市側も「それでいいです」と回答しました。

被害者への謝罪について

大東市の総合事業では、必要なサービスが利用できずに生活に支障が出た利用者が多くいます。『NHKクローズアップ現代＋』での、医師が指示した通所リハビリテーション利用が認められず、自宅で「大東元気でまっせ体操」のDVDを見ながら体操を指導されるという短期集中サービスを押し付けられ、状態が急速に悪化し、わずか半年で要支援1から要介護5の寝たきりになった方についての追及を改めて行いました。

大阪社保協は、本人にも経過を確認し大東市の対応に問題があったと判断し、話し合いでは「事実経過を確認し原因を究明したうえで本人に謝罪すべき」と指摘しました。ところが、大東市（逢坂参事）は、「本人がサービスを拒否していたと地域包括支援センターのケアマネから聞いている。謝罪する必要はない」と言い放ちました。社保協側は、大東市としての調査と謝罪を改めて求めましたが、大東市は最後まで認めようとはしませんでした。

私たちの行動の前に追い詰められ、一定の「是正」は約束するものの、根本的な部分では否を認めず被害者にも謝罪しないという大東市に対して、大阪社保協は現地調査を通じて明らかになった問題点について、その改善を求め、さらに運動を強化していくことにしています。

3　情報公開請求、公開質問書でのやりとりで明らかになったこと

大阪社保協は、現地調査での実態把握、現場の声や利用者市民の声の把握とともに、大東市当局に対し、２０１７年10月24日と11月８日に「公開質問書」を提出し、回答を迫りました。この取り組みは「情報公開請求」で必要な情報を入手しながらさらに文書による質問で追及していくことで大東市介護保険運営の実態を明らかにするとともに当局を追い詰めていく取り組みです。この情報公開請求と公開質問書に対する回答（２０１７年12月８日）の結果、いくつかのことが明らかになりました。

総合事業の制度設計の検討・決定過程は闇の中

大東市の総合事業の検討及び決定過程について、「総合事業に関し、市内部で行われた会議の資料、議事録」を情報公開請求しました。大東市が公開してきた文書は、２０１６年１月22日の「部内新総合事業話し合い」と称する記録と会議資料のみ公開し、他については「文書不存在」（平成25年度、平成28年度および平成29年度は、「会議を行っていない」、平成26年度は「会議録を作成していない」との理由）としてきました。大東市は第６期の介護保険事業計画の中では総合事業の具体的内容を書いておらず、その後の計画策定委員会でも総合事業の内容はまったく検討されていません。市内部での検討も「会議」は１回だけ、ということになります。

このことについて、２０１７年11月８日の公開質問書では、重ねて「貴市の総合事業において、

平成28年度　訪問介護・通所介護の全てのサービス終了となった126名の現状

<table>
<tr><td colspan="3">地域資源に繋がったケース</td><td colspan="6">包括が閉じこもり状態を定期的にフォロー・地域や家族の見守り有</td><td rowspan="2">家族・地域見守り有（無は0名）</td><td rowspan="2">新サービス開始予定</td><td rowspan="2">その他（自費等）</td></tr>
<tr><td>通いの場に繋がっている①</td><td>その他の活動中②</td><td>生活サポート事業③</td><td>自立</td><td>不明</td><td>本人家族納得済</td><td>本人家族未納得</td><td>自宅体操</td><td>通院・買物以外の外出・趣味活動有</td></tr>
<tr><td>33</td><td>25</td><td>26</td><td>2</td><td>2</td><td>5</td><td>1</td><td>3</td><td>6</td><td>9</td><td>5</td><td>19</td></tr>
<tr><td colspan="3" rowspan="2">74名
※①②③を併用している方がいるため、単純合計ではない</td><td colspan="6">19名</td><td colspan="3"></td></tr>
<tr><td colspan="9">52名</td></tr>
</table>

大東市の資料をもとに作成

その検討及び決定、検証等のために市内部において、行われた会議の時期、回数、主な議題について明らかにしていただきたい」と質問しました。大東市の回答は、「公開した以外の検討は会議という形では行っておりません」というものでした。市内部でも会議も行わず、逢坂参事らごく少数の職員で検討し決定したことが明らかになりました。しかもたった1回の会議資料として公開された文書のなかに「介護計画　第6期」と称する資料に「本人選択制」「強制移行」などのパターン別に必要となる給付費を試算したものもあり、「強制移行」という強制的なサービス取り上げを計画していたことも明らかになりました。

「卒業」後の把握・フォローの実態

大東市が情報公開請求に対して「126名分現状」としての公開した一覧表は上の表です。これには、利用者別の「詳細表」が付けられていましたが、その内容と一致ない部分があるなど全サービス終了者の現状を正確に記載したとはいい難い資料でした。

公開質問書では、『現状』とあるが、具体的に何年何月時点の集計表、詳細表なのか明らかにされたい」と質問しましたが、大東市の回答は「把握しておりません。」というものでした。「詳細表の『サービス終了時』がそれぞれ平成28年度の何年何月なのか記載がないので明らかにされたい」との質問にも「把握しておりません。」と回答しました。

4　介護保険料は大幅引き上げ、日常生活圏域は全市「1つ」大東市の第7期介護保険事業―やる気があるのか「地域包括ケア」

給付抑制効果なし　介護保険料9・6％アップ

大東市は2018年度～2020年度の第7期介護保険事業について、介護保険料の金額を示さずに事業計画のパブリックコメントを行いました。2018年1月に明らかにした介護保険料試算では、第6期5820円の基準月額が6380円へと560円（9・6％）も上がります。あれだけ厳しいサービス切り捨てで高齢者に犠牲を強いながら、さしたる給付抑制効果もなく介護保険料の大幅アップに、地域の高齢者からは「元気でまっせ体操で介護保険料が下げられるという話はウソやったんか！」と怒りの声が上がりそうです。

大東市の試算では、大東市の第7期の3年間で標準給付費は15・6％も伸びる見込みで、2020年度には100億円を超えることになっています。「平成29年度に2・5億円削減目標」といって要支援のサービスを削りましたがまさに「焼け石に水」です。

3つの日常生活圏域を1つに統合

大東市は人口12万人余りですが、第6期までは地域包括ケアシステムの単位である「日常生活圏域」は3つ（西部・中部・東部）で、地域包括支援センターも3カ所でした。これでも「日常生活圏域は1中学校区、人口1万人程度」という国の想定よりかなり大きめです。

ところが、大東市は2018年度から「大東市全域を対象とした1圏域を日常生活圏域」とします。さらに、地域包括支援センターも1カ所の「基幹型センター」に統合してしまいます。4カ所の「相談窓口」（ブランチ）は置かれますが、地域包括ケアシステムをこれから本格的に作ろうというこの時期に、このような「全市に1つ」などという方針は、大東市は地域包括ケアをやる気があるのか疑われるものです。

基幹型センターは「法人委託」

大東市が示した資料によると全市1カ所の基幹型センターは「法人基幹型地域包括支援センター運営」となっており、「プロポーザル方式による公募」となっています。このセンターは大東市からも一部の機能を移管されることになっており、4カ所のブランチの「元締め」として強力な権限も持ちます。

これを1つの「法人」に委ねてしまおうというこの計画は、大東市の介護保険・総合事業が、議会からも市民からもチェックされず、一部の市職員と運営法人だけでやりたい放題にされる可能性があります。

大東市の計画では２０１８年度1年間かけて、新体制にするとしており、一方的な地域包括支援センター統合・委託を許さない運動が重要です。

おわりに

新井 康友

国民の期待を裏切り続ける介護保険制度

介護保険制度は、施行から18年が経過しようとしています。しかし、介護保険制度施行後も介護殺人や介護心中は後を絶ちません。NHKが過去6年分の事件を調べると、日本国内で2週間に一度の介護殺人が起きていることが分かりました[1)]。介護保険法制定当初、国民は「介護の社会化」を期待しましたが、在宅介護においては未だに家族介護者への負担が大きく、昨今では介護離職が新たな社会問題になりつつあります。そして、介護保険制度は国民の期待を裏切り続ける一方で、介護保険料は改定のたびに値上がりしています。

介護保険法の制定過程の中で、介護保険制度が施行されて国民が介護保険料を支払ったとしても、サービス量が不足して介護保険サービスが利用できない「保険あって介護なし」の状態にならないかどうか懸念されていました。しかし、こうした懸念は株式会社などに介護事業への参入を認めたことによって、特にホームヘルパー（訪問介護）やデイサービス（通所介護）は供給過多になるほどまでにサービス量を増大させることができました。ところが介護保険制度の改悪が繰り返される中で、今日の介護保険制度は「サービスがあっても利用できず」という実態になっています。

このような実態の背景には、高齢化の進行による介護給付費の増加があります。介護保険制度創設時の2000年度の介護給付費は3兆6千億円でしたが、今では9兆円を超え、団塊の世代がすべて75歳になる2025年度には約20兆円になると推計しています。政府はこのまま介護給付費が増大すると、介護保険財政が逼迫すると危機感をあおってきました。そのため、介護給付費の抑制を行うため、要介護認定の申請をさせなかったり、サービスがあっても利用させない自治体が出てきました。その代表的な自治体が大東市です。

成功に終わった現地調査

お読みいただいたように、大阪社保協と大東社保協が主催し中央社保協の共催で実施した「大東市介護保険総合事業現地調査」は、多くの方からご支援を頂き成功に終わりました。調査当日は全国から、220名を超える参加者が集いました。大東市が行っている介護保険制度からの強制的な「卒業」は、大東市だけの問題ではなく、大阪府内の市町村にも影響しますし、さらには全国にも影響は拡大します。そのため、大東市介護保険問題は大東市民以外の方も関心をもち、さらに多くのマスコミ関係者も当日取材に駆けつけました。これは大東市介護保険問題への関心の高さを示した結果だと言えます。

大東市が作り出す社会的孤立、そして孤立死

2017年7月19日に放送された『NHK クローズアップ現代＋』では、大東市が利用者を介護予防通所介護から強制的に「卒業」をさせ、その結果、利用者は行き場を失い孤立した生活を送っている具体例が紹介されました。

「指定介護予防サービス等の事業の人員、設備及び運営並びに指定介護予防サービス等に係る介護

予防のための効果的な支援の方法に関する基準」の第96条（基本方針）において、「指定介護予防サービスに該当する介護予防通所介護の事業は、その利用者が可能な限りその居宅において、自立した日常生活を営むことができるよう、必要な日常生活上の支援及び機能訓練を行うことにより、利用者の心身機能の維持回復を図り、もって利用者の生活機能の維持又は向上を目指すものでなければならない」と記されています。しかし、大東市の強制的な「卒業」は、基本方針と相反する結果になっています。

さらに通所介護の基本方針を確認しておきます。「指定居宅サービス等の事業の人員、設備及び運営に関する基準」の第92条において、「指定居宅サービスに該当する通所介護の事業は、要介護状態となった場合においても、その利用者が可能な限りその居宅において、その有する能力に応じ自立した日常生活を営むことができるよう、必要な日常生活上の世話及び機能訓練を行うことにより、利用者の社会的孤立感の解消及び心身の機能の維持並びに利用者の家族の身体的及び精神的負担の軽減を図るものでなければならない」と記されています。つまり、通所介護（デイサービス）は、「心身機能の維持」「利用者の家族の身体的及び精神的負担の軽減」のみを目的としているのではなく、「社会的孤立の解消」も目的に含まれています。

１９９５年に起きた阪神・淡路大震災後に仮設住宅や災害復興住宅で起きた孤立死が社会問題になりました。当時、孤立死は被災地の特殊な出来事だとされていましたが、その後、全国各地で孤立死が起きていることが明らかになりました。しかし、孤立死は全国各地で万遍なく起きているのではなく、孤立死の発現率は地域格差があります[2)]。また、孤立死は、社会的孤立した果ての死であると言えます。そのため、孤立死を予防する対策として、生前の社会的孤立を予防することが重要であり[3)]、高齢者がデイサービスを利用することは社会的孤立を予防するために有効であると言えます。

大東市が利用者を介護保険制度から強制的に「卒業」させ、デイサービスを利用できなくすることは、大東市が社会的孤立した高齢者を作り出していると言えます。そして、大東市により社会的孤立させられた高齢者が孤立死する可能性があると言えます。大東市がこのまま利用者を介護保険制度から強制的に「卒業」をさせ続けると、大東市は「孤立死多発自治体」として有名になる可能性があります。

社会福祉サービスのナショナルミニマム（国が国民に対して保障する生活の最低限度）を考える

大東市は、2017年5月26日に成立した「地域包括ケアシステム強化のための介護保険法等の一部を改正する法律」で打ち出された「介護予防・重度化防止のための保険者機能強化」の先進例として紹介されています。大東市の「介護予防・日常生活支援総合事業（総合事業）」は完全移行の前年である2016年4月より実施されました。そして、大東市は『NHK クローズアップ現代＋』で、2016年度の介護給付費を約1億2千万円削減し、2017年度は約2億4千万円の削減見込みの「もっともうまくいっている自治体」として紹介されました。介護給付費の抑制だけをみると、うまくいっているようにみえる自治体ですが、今回の現地調査の結果をみると、本当にうまくいっているのかと思えます。

大東市の「窓口対応マニュアル」では、要介護認定は「1人では歩けない（杖をついたり、歩行器を使用しても歩くことができない場合）」ことを条件にするなど、認定申請の抑制が行われています。窓口まで歩いてきた高齢者に「申請できません」と断ったり、認知症の人にも「トイレまで歩いて行けるなら、申請の必要はない」と言っているそうです。

大東市のこれらの取り組みの前提にあるものは介護給付費の抑制を優先した考えであり、高齢者の生活保障の視点はありません。このような状況を考えると、「社会福祉サービスのナショナルミニマム」について真剣に議論する必要があります。急速に高齢化が進んでいる日本で、介護給付費の抑制の方法を考えるのではなく、要支援・要介護状態になっても安心して地域で住み続けられるように介護サービスが利用できる介護保険財政の確保の方法を考えるべきです。そうすることが「地域包括ケアシステムの実現」だと思います。

大東市民は、介護保険制度から強制的に「卒業」させられたにも関わらず、残念ながら第7期（平成30年度～平成32年度）の介護保険料は、第6期の介護保険料（5820円）から560円も増加して6380円になる見込みです。

始まったばかりの介護保障改善運動

「大東市介護保険総合事業現地調査」は終了しましたが、介護保険制度から強制的に「卒業」させる大東市の取り組み（大東方式）にストップをかけなければなりません。大東方式は和光市や桑名市の「卒業」とは違います。和光市は厚生労働省へ出向していた職員が中心となって、桑名市は厚生労働省から出向してきた職員（特命副市長）が中心となって、介護保険制度からの「卒業」を推し進めました。大東方式は一職員が取り組もうと思えば、実施できる仕組みです。だからこそ、大東市介護保険問題は他の市町村にも影響していき、大東市一自治体だけの問題ではなく全国化していきます。

大東市は、市が１００％出資をした「大東公民連携まちづくり事業株式会社」を通じて、自治体職員向けに「地域健康プロフェッショナルスクール」を開催し、大東方式を商品化して販売しています。これは許し難いことです。しかし、大東市は利用者やその家族、介護保険事業者までも苦しめる大東方式で介護給付費を削減しています。他の自治体が大東市の取り組みに注目している背景には、制度改正によって導入された「保険者機能強化推進交付金」（インセンティブ交付金）があります。市町村の「自立支援・重度化防止」の取り組みを国が評価し、その度合いに応じて新たな交付金（２０１８年度総額で２００億円）が交付されます。国の「評価指標」は大東方式で行われていることが多く見られます。他の市町村にとっては、「大東市のようにやれば給付は削減できるし、新たな交付金ももらえる」という「魅力」ある取り組みとして映るのです。

さらに厚生労働省は要介護状態を改善させる成果をあげた事業所への介護報酬を手厚くする「インセンティブ（動機づけ）制度」の導入を考えています。しかし、「インセンティブ制度」の導入は、要支援・要介護度の改善が見込めそうな高齢者だけを介護保険事業者が選別し、要支援・要介護度の改善が見込めない高齢者は排除される可能性があります。

「大東市介護保険総合事業現地調査団」は、大東市の取り組みについて全面的に否定するつもりはなく、良い取り組みについては評価するつもりです。しかし、大東市の改めない態度や取り組みについては、調査団は妥協せず、改善を求める運動を続けていくつもりです。そして調査団としては、大東市が過ちを認め、総括し、明確な路線転換をしない限り、過ちは繰り返されると考えています。また、大東市が誤った指導をした結果、短期間のうちに状態が急速に悪化した被害者への謝罪は継続して求めていきます。

この間、大東市との話し合い（懇談会）や「大東市介護保険総合事業現地調査」に取り組みましたが、これは終わりではなく始まりです。今後も大東市に対し、介護保障の改善を求める運動を強化していきたいと思います。

1）NHKスペシャル取材班『「母親に、死んで欲しい」：介護殺人・当事者たちの告白』（新潮社、２０１７年）。
2）新井康友「一人暮らし高齢者の孤独死の実態に関する一考察―A県Bニュータウンを中心に―」（『中部学院大学・中部学院大学短期大学部　研究紀要』第11号、２０１０年、pp84-89）。
3）新井康友「孤独死の実態と社会的孤立」（河合克義・菅野道生・板倉香子『社会的孤立への挑戦―分析の視座と福祉実践』法律文化社、２０１３年、pp23-35）。

〈資料編〉

高齢者の自立支援、重度化防止等に関する取組を推進するための新たな交付金 別添

趣　旨

平成３０年度予算案　　２００億円

○　各保険者において、高齢化の進展状況や介護サービスの状況等は様々であり、保険者機能を強化し、地域の課題を的確に把握した上で、実情に応じた地域包括ケアシステムを構築していくことが重要

○　また、保険者の人員やノウハウにも課題や地域差があることや、保険者の枠を超えた調整が必要である場合もあること等から、都道府県による保険者支援が重要

○　このため、平成29年地域包括ケア強化法において、高齢者の自立支援・重度化防止等に向けた保険者の取組や都道府県による保険者支援の取組が全国で実施されるよう、取組を制度化したところであり、この一環として、市町村や都道府県の様々な取組の達成状況を評価できるよう、客観的な指標を設定した上で、市町村や都道府県の高齢者の自立支援、重度化防止等に関する取組を推進するための新たな交付金（市町村分、都道府県分）を創設

概　要

＜市町村分＞

1　**交付対象**　市町村（広域連合、一部事務組合）
2　**交付内容**　自立支援・重度化防止等に向けた保険者の取組を支援

＜都道府県分＞

1　**交付対象**　都道府県
2　**交付内容**　自立支援・重度化防止等に向けた都道府県による市町村支援の取組を支援

＜参考1＞平成29年介護保険法改正による保険者機能の強化

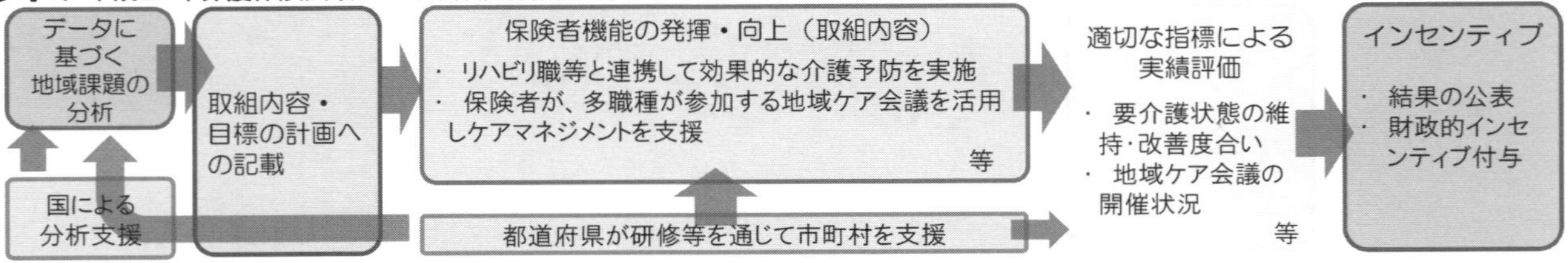
データに基づく地域課題の分析
国による分析支援
取組内容・目標の計画への記載
保険者機能の発揮・向上（取組内容）
・リハビリ職等と連携して効果的な介護予防を実施
・保険者が、多職種が参加する地域ケア会議を活用しケアマネジメントを支援
等
都道府県が研修等を通じて市町村を支援
適切な指標による実績評価
・要介護状態の維持・改善度合い
・地域ケア会議の開催状況
等
インセンティブ
・結果の公表
・財政的インセンティブ付与

＜参考2＞市町村　評価指標（案）　※主な評価指標

①ＰＤＣＡサイクルの活用による保険者機能の強化
☑地域包括ケア「見える化」システムを活用して他の保険者と比較する等、地域の介護保険事業の特徴を把握しているか　等

②ケアマネジメントの質の向上
☑保険者として、ケアマネジメントに関する保険者の基本方針を、ケアマネジャーに対して伝えているか　等

③多職種連携による地域ケア会議の活性化
☑地域ケア会議において多職種が連携し、自立支援・重度化防止等に資する観点から個別事例の検討を行い、対応策を講じているか
☑地域ケア会議における個別事例の検討件数割合はどの程度か　等

④介護予防の推進
☑介護予防の場にリハビリ専門職が関与する仕組みを設けているか
☑介護予防に資する住民主体の通いの場への65歳以上の方の参加者数はどの程度か　等

⑤介護給付適正化事業の推進
☑ケアプラン点検をどの程度実施しているか
☑福祉用具や住宅改修の利用に際してリハビリ専門職等が関与する仕組みを設けているか　等

⑥要介護状態の維持・改善の度合い
☑要介護認定者の要介護認定の変化率はどの程度か

（厚生労働省資料）

事　務　連　絡
平成30年2月28日

各都道府県介護保険担当課（室）御中

厚生労働省老健局介護保険計画課

平成30年度における保険者機能強化推進交付金（市町村分）について

介護保険制度の運営につきましては、平素より種々ご尽力をいただき、厚く御礼申し上げます。

先般成立した地域包括ケアシステムの強化のための介護保険法等の一部を改正する法律（平成29年法律第52号）による改正後の介護保険法（平成9年法律第123号。以下「法」という。）第122条の3において、国は、市町村及び都道府県に対し、自立支援・重度化防止等に関する取組を支援するため、予算の範囲内において、交付金を交付することとされました。その趣旨等については、「高齢者の自立支援・重度化防止等に関する取組を支援するための新たな交付金について」（平成29年12月25日付け当課事務連絡）においてお示ししたところですが、今般この交付金についての交付方法等の詳細についての基本的な考え方については、現時点で下記のとおり整理しましたので、ご了知の上、管内保険者への周知に特段のご配慮をお願いいたします。

また、当事務連絡の内容については平成30年度予算案に基づくものであり、その内容の確定は平成30年度予算の成立後に行われることを申し添えます。

なお、保険者機能強化推進交付金（市町村分）の仕組みは、市町村の自立支援・重度化防止等の取組を支援するために創設されたものであり、こうした仕組みにより、各市町村において、地域課題への問題意識が高まり、地域の特性に応じた様々な取組が進められていくとともに、こうした取組が市町村の間で共有され、より効果的な取組に発展されていくことを目指していきたいと考えています。介護保険事業を担う、市町村、都道府県、厚生労働省が協働して、地域包括ケアシステムを発展させていくことが重要と考えています。

記

第1 交付額の算定方法等

1 交付額の算定方法

全市町村を交付対象とする。各市町村に対する交付額の算定方法は、各市町村の「評価指標毎の加点数×第1号被保険者数」により算出した点数を基準として、全市町村の「各市町村の算出点数×各市町村の第1号被保険者数」の合計に占める割合に応じて、予算の範囲内で交付する。

$$\text{各市町村の交付額} = \text{予算総額（※）} \times \frac{\text{当該市町村の評価点数} \times \text{当該市町村の第1号被保険者数}}{\text{（各市町村の評価点数} \times \text{各市町村の第1号被保険者数）の合計}}$$

（※）市町村分と都道府県分の合計で200 億円の予算規模であるが、都道府県分は、約10 億円程度とすることを想定しているため、市町村分は、200 億円からこの額を控除した額とする。ただし、都道府県分については都道府県全体として所要額がこれを下回る場合には減額する等のこともあり得る。

＜国の予算科目等＞

（項）介護保険制度運営推進費

（目）保険者機能強化推進交付金

補助率：定額

2 市町村の取組を評価する指標、点数及び留意点等

別紙を参照すること。

3 その他

- 広域連合の点数については、（広域連合の各構成市町村の点数×広域連合の各構成市町村の第1号被保険者数の合計）をもって算出する。ただし、評価指標のうち広域連合単位で評価するべきものについては、各構成市町村同一の点数とすることとする。
- 各市町村の取組状況については、公表することとしているが、その方法等については、追ってお示しすることとする。
- 精算のあり方については検討しており、追ってお示しする。
- 正式な交付申請は、保険者機能強化推進交付金交付要綱（仮称）をもって、平成30 年度中に実施するものとする。

第2 保険者機能強化推進交付金（市町村分）の性格

- 保険者機能強化推進交付金（以下「交付金」という。）については、国、都道府県、市町村及び第2号保険料の法定負担割合に加えて、介護保険特別会計に充当し、活用することとする。

  なお、交付金は、高齢者の市町村の自立支援・重度化防止等に向けた取組を支援し、一層推進することを趣旨としていることも踏まえ、各保険者におかれては、交付金を活用し、地域支援事業、市町村特別給付、保健福祉事業を充実し、高齢者の自立支援、重度化防止、介護予防等に必要な取組を進めていくことが重要である。
- なお、当該年度において1号保険料に余剰が発生した場合には、通常どおり、介護給付費準備基金に積み立てるものであることを申し添える。
- 交付金については、補助金等に係る予算の執行の適正化に関する法律（昭和30 年法律第179 号）の適用を受けるものとなる。

第3 スケジュール

現時点では、今後のスケジュールとして以下を予定している。

平成30 年	4月	市町村へ評価指標の該当状況の回答依頼（10 月〆切）
	11 月	市町村毎に交付金を按分し、内示額を提示 国から市町村へ評価結果を提示
平成31 年	1月	各市町村による交付申請
	3月	交付決定

平成30年度保険者機能強化推進交付金（市町村分）に係る評価指標

Ⅰ　PDCAサイクルの活用による保険者機能の強化に向けた体制等の構築

	指標（案）	趣旨・考え方	配点	時点	留意点	報告様式への記載事項・提出資料（予定）
①	地域包括ケア「見える化」システムを活用して他の保険者と比較する等、当該地域の介護保険事業の特徴を把握しているか。 ア　地域包括ケア「見える化」システムを活用して、他の保険者と比較する等、当該地域の介護保険事業の特徴を把握している。その上で、HPによる周知等の住民や関係者と共通理解を持つ取組を行っている。 イ　地域包括ケア「見える化」システムは活用していないが、代替手段（独自システム等）により当該地域の介護保険事業の特徴を把握している。その上で、HPによる周知等の住民や関係者と共通理解を持つ取組を行っている。 ウ　地域包括ケア「見える化」システムを活用して、他の保険者と比較する等、当該地域の介護保険事業の特徴を把握している エ　地域包括ケア「見える化」システムは活用していないが、代替手段（独自システム等）により当該地域の介護保険事業の特徴を把握している。	・介護保健事業計画の策定等に当たって、地域包括ケア「見える化」システム等を活用し、地域の特徴、課題を把握していることを評価するもの。	ア　10点 イ　10点 ウ　5点 エ　5点	第7期計画の策定過程（平成29年度）における分析が対象。ただし、これを行っていない場合には、平成30年度に行った分析も対象とする。	・一人当たり給付費（費用額）（年齢等調整済み）、要介護認定率（年齢等調整済み）、在宅サービスと施設サービスのバランスその他のデータ等に基づき、全国平均その他の数値との比較や経年変化の分析を行いつつ、当該地域の特徴の把握と要因分析を行っているものが対象。	・①分析に活用したデータ、②分析方法（全国その他の地域（具体名）との比較や経年変化（具体的年数）の分析等）、③当該地域の特徴、④その要因を記載。（例示で可） ・上記について、既存の資料（第7期介護保険事業計画やその検討のための審議会資料等）がある場合には当該資料の該当部分で可 ・ア及びイについては、上記に加えて、HPによる周知等の住民や関係者と共通理解を持つ取組の具体例を記載
②	日常生活圏域ごとの65歳以上人口を把握しているか。	・日常生活圏域ごとの65歳以上人口の把握を評価するもの。	10点	平成30年度における報告時までの任意の時点における把握が対象	・日常生活圏域そのものは自治体の実情に応じて設定	・日常生活圏域ごとの65歳以上人口を記載
③	以下の将来推計を実施しているか。 ア　2025年度における要介護者数・要支援者数 イ　2025年度における介護保険料 ウ　2025年度における日常生活圏域単位の65歳以上人口 エ　2025年度における認知症高齢者数 オ　2025年度における一人暮らし高齢者数 カ　2025年度に必要となる介護人材の数	・2025年に向けて、地域の実情に応じた地域包括ケアシステムの構築を推進するために重要な指標の将来推計の把握を評価するもの。	各2点 複数回答可	第7期計画の策定過程（平成29年度）における推計が対象。ただし、これを行っていない場合には、平成30年度に行った推計も対象とする。	・推計方法は自治体の任意の方法で可 ・基本的に第7期計画の策定過程における推計を対象とするものであり、第7期介護保険事業計画やその検討のための審議会資料その他の資料に記載され公表されているものを対象とする ・平成30年度に行った推計を対象とする場合にも、何らかの方法により公表されているものを対象とする ※推計方法の例 ・ア、イの推計方法の例：地域包括ケア「見える化」システム上のサービス見込み量等の推計ツールを参照 ・ウの推計方法の例：各市町村の日常生活圏域別の性・年齢階級別人口を基に、国立社会保障・人口問題研究所が性・年齢階級別に公表している各市町村の生残率と純移動率を乗じることで推計 ・エの推計方法の例：厚生労働省科学研究費補助金「日本における認知症の高齢者人口の将来推計に関する研究」報告書の表3、表4「認知症患者数と有病率の将来推計」に掲載されている認知症患者推定有病率を参考に推計 ・オの推計方法の例：各市町村の推計人口を基に、国立社会保障・人口問題研究所が性・年齢階級別に公表している2025年の各都道府県の単独世帯の世帯主になる割合を乗じることで推計 ・カの推計方法の例：厚生労働省の提示した、2025年を含む介護人材の推計ツールを利用し推計	・ア～カの将来推計値を記入。（推計値の大小そのものは評価しない。） ・第7期介護保険事業計画やその検討のための審議会資料その他の資料に記載され公表されている資料でも可

1

	指標（案）	趣旨・考え方	配点	時点	留意点	報告様式への記載事項・提出資料（予定）
④	介護保険事業に関する現状や将来推計に基づき、2025年度に向けて、自立支援、重度化防止等に資する施策について目標及び目標を実現するための重点施策を決定しているか。	・ 2025年に向けた着実な取組を推進するため、重点施策や目標の設定を評価するもの。	10点	第7期計画において記載された事項が対象。ただし、これを行っていない場合には、平成30年度に行った場合も対象とする。	・基本的に第7期介護保険事業計画へ記載されている事項を対象とするものであり、公表されているものが対象 ・平成30年度に策定したものを対象とする場合にも、何らかの方法により公表されているものを対象とする ・設定した目標及び重点施策の内容は評価しない	・第7期介護保険事業計画における該当部分の抜粋を提出 ・計画以外のものに記載、公表している場合には、該当部分を提出
⑤	人口動態による自然増減による推計に加え、自立支援・介護予防に資する施策など、保険者としての取組を勘案した要介護者数及び要支援者数の推計を行っているか。	・ 保険者において実施する各種取組について、定量的な効果を見込んでいることを評価するもの。	10点	第7期計画に記載した見込み量の推計が対象	・自立支援、重度化防止、介護予防等の効果を勘案して要介護者数及び要支援者数の見込み量の推計を行った場合が対象（推計ツールの「施策反映」における反映）	・実際に推計に反映した事項を記載
⑥	地域医療構想を含む医療計画も踏まえつつ、地域の在宅医療の利用者や、在宅医療の整備目標等を参照しつつ、介護サービスの量の見込みを定めているか。	・ 第7期介護保険事業計画は医療計画との同時期に策定されること等を踏まえ、医療計画との整合性のある見込み量設定を評価するもの。	10点	第7期計画に記載した見込み量の推計が対象	・ 推計方法については、「第7次医療計画及び第7期介護保険事業（支援）計画における整備目標及びサービスの量の見込みに係る整合性の確保について」（平成29年8月10日医政地発0810第1号、老介発0810第1号、保連発0810第1号）を参考にすること。	・ 地域医療構想を含む医療計画との整合性について、どのような考え方により2020年度、2025年度の介護サービスの見込み量を設定したかを記載。（地域医療構想の実現による在宅医療・介護サービスの増分への対応方法の考え方を具体的に記載。）第7期計画の該当部分の抜粋でも可。
⑦	認定者数、受給者数、サービスの種類別の給付実績を定期的にモニタリング（点検）しているか。 ア 定期的にモニタリングするとともに、運営協議会等で公表している イ 定期的にモニタリングしている	・ 地域の課題に対応できるよう、介護保険給付に係る各種実績により、地域の動向を定期的に把握することを評価するもの。	ア 10点 イ 5点	平成30年度に行ったモニタリングが対象（平成30年度に実施予定の場合も含む。）	・認定者数、受給者数、サービス種類別の利用者数、給付実績等の数値だけでなく、それらが見込み量に対してどのようになっているか、どのような推移となっているか等をモニタリングし、把握しているものが対象 ・年度に1回以上行っている場合が対象	・ モニタリング実施日を記載する ・ アについては、公表した資料の名称及び公表場所（HP）等を記載。 ・ 予定の場合には、実施予定日や運営協議会の開催予定日を記載
⑧	介護保険事業計画の目標が未達成であった場合に、具体的な改善策や、理由の提示と目標の見直しといった取組を講じているか。	・ PDCAサイクルにより、具体的な改善策が講じられていることを評価するもの。	10点	③第7期計画において記載された事項（目標及び見込み量）が対象。ただし、これを行っていない場合には、第6期計画の目標や見込み量等について、平成29年度、平成30年度に行った場合も対象とする。	・第7期計画から必須記載事項となった自立支援、重度化防止等に関する取組及びその目標について、平成30年度における実施状況を把握し、進捗状況として未達成の場合には改善策や理由の提示・目標の見直し等を行うことを評価。	・達成状況の把握、改善策や理由の提示・目標の見直し等を行った時期及び内容の概要を記載。 ・目標が全て達成されている場合はその旨を記入。

2

Ⅱ 自立支援、重度化防止等に資する施策の推進

(1)地域密着型サービス

	指標(案)	趣旨・考え方	配点	時点	留意点	報告様式への記載事項・提出資料(予定)
①	保険者の方針に沿った地域密着型サービスの整備を図るため、保険者独自の取組を行っているか。 ア 地域密着型サービスの指定基準を定める条例に保険者独自の内容を盛り込んでいる イ 地域密着型サービスの公募指定を活用している ウ 参入を検討する事業者への説明や働きかけを実施している(説明会の開催、個別の働きかけ等) エ 必要な地域密着型サービスを確保するための上記以外の取組を行っている	・ 地域密着型サービスについて、保険者として地域のサービス提供体制等の実情に応じた基盤整備を図るための取組を評価するもの。	10点 ア～エのいずれかに該当した場合	平成30年度の取組・実施内容が対象(予定を含む。) ア:平成30年度の評価時点までの任意の時点において条例が整備されている イ:平成30年度の任意の時点において公募を実施している ウ:平成30年度の任意の時点において説明会等を実施している エ:平成30年度の任意の時点において取組を実施している	・当該指標は、保険者に指定権限がある地域密着型サービスについて、地域に必要なサービスが確保されるための取組を行っているかどうかをお聞きするものとなっています。 ・アの項目については、「暴力団排除条項」等は一般的に多くの保険者の基準に盛り込まれており、こうした「独自性」とはいえないものはここでは対象としない。 ・イの公募指定については、定期巡回・随時対応型訪問介護看護、小規模多機能型居宅介護、看護小規模多機能型居宅介護に限る ・エには、そもそも地域密着型サービスが十分整備されており、これ以上の基盤整備が不要である場合も含むこととする。 ・「そもそも地域密着型サービスが充分整備されておりこれ以上の基盤整備が不要である場合」としてエを選択した場合には、どのような状況から不要であるのかを簡単に記載すること	・ウ、エについては具体的な取組内容を記載 ・ア～ウについて予定である場合には具体的な実施時期を記載
②	地域密着型サービス事業所の運営状況を把握し、それを踏まえ、運営協議会等で必要な事項を検討しているか。	・ 地域の状況の変化に応じた対応を推進するため、点検の取組を評価するもの。	10点	平成30年度の取組が対象	・当該「運営協議会等」とは、介護保険法第42条の2第5項、第78条の2第6項、第78条の4第5項等に規定する措置として各市町村に設置される地域密着型サービスの運営に関する委員会のことをいう。(既存の介護保険事業計画策定委員会、地域包括支援センター運営協議会等を活用して差し支えないこととされている。) ・検討内容として、地域密着型サービスの質の確保、運営評価、指定基準等の設定その他地域密着型サービスの適正な運営を確保する観点から必要な事項について検討した場合が対象(地域密着型サービスの指定及び指定拒否、介護報酬の設定について検討する場合を除く。)	・上記の事項について検討した時期及び検討テーマを記載 (例) ・地域密着型サービスの指定基準等の検討 ・指定の際に条件を付す場合の当該条件の検討 ・自治体内の地域密着型サービス事業者のサービスの提供状況について報告、検討 等
③	所管する介護サービス事業所について、指定の有効期間中に一回以上の割合(16.6%)で実地指導を実施しているか。	・ 指定権限が保険者にある地域密着型サービス等について、保険者としての計画的な指導監督を評価するもの。	10点	平成29年度の取組が対象	・既に指定されている介護サービス事業所について、指定の有効期間である6年のうちに実地指導が行われていることが対象 ・指定の有効期間が6年であることを踏まえ、実地指導の実施率(実施数÷対象事業所数)が16.6%以上である場合を対象とする ・ただし、事業所数や実地指導計画等は地域の実情に応じて異なるものであるため、平成29年度の実績又は平成27年度～29年度の平均の実績のいずれかで確認する。 ・地域密着型サービス事業所が極端に少ない場合等においては、平成24年度～平成29年度の実績で確認する。 ・平成28年度は小規模な通所介護の指定権限が地域密着型通所介護として市町村に移った初年度であることを考慮し、指定都市・中核市以外の市町村の場合、平成28年度実績は地域密着型通所介護を評価対象から除外して算出する。	・実地指導の実施率(実施数÷対象事業所数)

3

	指標（案）	趣旨・考え方	配点	時点	留意点	報告様式への記載事項・提出資料（予定）
④	地域密着型通所介護事業所における機能訓練・口腔機能向上・栄養改善を推進するための取組を行っているか。	・ 地域密着型通所介護事業所において、機能訓練・口腔機能向上・栄養改善が推進されるための、保険者としての取組を評価するもの。	10点	平成30年度の取組が対象	・保険者として、地域密着型通所介護事業所における「機能訓練・口腔機能向上・栄養改善を推進するための取組」を実施しているものが対象。 ・また、地域内に他の地域密着型サービス事業所があり、これらに対して同様の取組を行っている場合も評価の対象とする。 ・地域密着型通所介護事業所が存在しない場合にあっては、当該項目を回答対象から除外して得点を換算する ・取組は具体的には以下のような内容が考えられる。 （例） ・ 機能訓練・口腔機能向上・栄養改善を推進するためのリハビリテーション専門職等との連携に関する仕組みづくり ・ 機能訓練・口腔機能向上・栄養改善を推進するための事業所への説明会の開催等	・取組の概要及び実施時期を簡単に記載

（2）介護支援専門員・介護サービス事業所

	指標（案）	趣旨・考え方	配点	時点	留意点	報告様式への記載事項・提出資料（予定）
①	保険者として、ケアマネジメントに関する保険者の基本方針を、介護支援専門員に対して伝えているか。 ア 保険者のケアマネジメントに関する基本方針を伝えるためのガイドライン又は文書を作成した上で、事業者連絡会議、研修又は集団指導等において周知している イ ケアマネジメントに関する保険者の基本方針を、介護支援専門員に対して伝えている	・ 高齢者の自立支援、重度化防止等に資することを目的として、ケアマネジメントが行われるよう、介護支援専門員に対して、保険者の基本方針を伝えていることを評価するもの。	ア 10点 イ 5点	平成30年度の取組が対象	・自立支援、重度化防止等に資することを目的としてケアマネジメントが行われるよう、市町村として基本的な方針を介護支援専門員と共有していることが対象 ・アについては、都道府県が策定したガイドラインや文書を利用している場合を含む。 ・ケアマネジメントに関する保険者の基本方針については、居宅介護支援のみならず、介護予防支援、第1号介護予防支援を含む、ケアマネジメント全般を対象とする。	・アについては、文書名及びどのように周知したかを簡単に記載 ・イについては、どのように伝えているかを簡単に記載 取組内容を記入
②	介護サービス事業所（居宅介護支援事業所を含む。）の質の向上に向けて、具体的なテーマを設定した研修等の具体的な取組を行っているか。	・ 介護サービス事業所の質の向上に向けた保険者の取組を評価するもの。	10点	平成30年度の取組が対象 （予定も含む。）	・市町村が主催する研修等の他、市町村として、民間事業所等における自主的な研修やスキルアップ等を促進するために財政支援を行う等具体的な取組を実施している場合も対象 ・具体例として、地域リハビリテーション活動支援事業等を活用し、介護サービス事業所にリハビリテーション専門職等を派遣し、自立支援・重度化防止等の観点から研修会の開催や意見交換会を開催するものもある。	・実施している事項及び時期を簡単に記載。 ・予定の場合にはその実施計画を提出、又は実施予定事項及び時期を記載

	指標（案）	趣旨・考え方	配点	時点	留意点	報告様式への記載事項・提出資料（予定）
①	**＜地域包括支援センターの体制に関するもの＞** 地域包括支援センターに対して、介護保険法施行規則に定める原則基準に基づく3職種の配置を義務付けているか。	・ 地域包括支援センターにおいて必要なサービスが提供されるよう体制が確保されていることを評価するもの。	10点	平成30年度の取組が対象（予定も含む） ※ 「義務付けているか」なので、取組として聞く。	・市町村として地域包括支援センターに介護保険法施行規則に定める原則基準に基づく3職種の配置を義務付けているかをお聞きするもの ・直営実施の地域包括支援センターについては、介護保険法施行規則に定める原則基準に基づく3職種の配置が、組織規則等において定められている、又はその他の方法により明示されていることをもって、指標を満たしているものとする。 ・基準を定める条例への記載のみでは対象としない	・ 受託法人に示している委託契約書、委託方針等。直営の場合は、組織規則等の該当部分の抜粋。
②	地域包括支援センターの3職種（準ずる者を含む）一人当たり高齢者数（圏域内の65歳以上高齢者数/センター人員）の状況が1,500人以下 ※小規模の担当圏域における地域包括支援センターについては配置基準が異なるため以下の指標とする。 担当圏域における 第1号被保険者の数が概ね2,000人以上3,000人未満：1,250人以下 第1号被保険者の数が　概ね1,000人以上2,000人未満：750人以下 第1号被保険者の数が概ね1,000人未満：500人以下	・ 地域包括支援センターの人員配置状況を評価するもの。	10点	平成30年4月末日時点における配置状況が対象	・市町村内に地域包括支援センターが複数ある場合には、平均値により判定。 ・ 3職種の人員配置基準については、介護保険法施行規則第140条の66に定める基準とする。 ・ 市町村に規模の異なる担当圏域が混在する場合、各地域包括支援センターの一人当たり高齢者数の合計が、各地域包括支援センターの担当圏域の規模ごとの基準人数の合計を下回る場合には、配点に該当するものとする。	・実際の数値を提出
③	地域包括支援センターが受けた介護サービスに関する相談について、地域包括支援センターから保険者に対して報告や協議を受ける仕組みを設けているか。	・ 委託型の地域包括支援センターが多い中で、保険者と地域包括支援センターの連携を評価するもの。	10点	平成30年度において仕組みを設けているか	・具体的には、例えば定期的な報告の仕組みや、会議の開催の仕組み等を導入していることが対象。 ・地域包括支援センターが委託であるか直営であるかを問わない。 ※ 実際に申請時点までに当該仕組みに基づいた報告が行われているかどうかを問わない。（例えば年末に1回の報告という仕組みのところもあり得るため。）しかし、実際に年度内に1度も具体的な報告や協議が無い場合には、これに該当するとは言えない。（翌年度の事後チェックを想定）	・ どのような仕組みであるか簡潔に記載
④	介護サービス情報公表システム等において、管内の全地域包括支援センター事業内容・運営状況に関する情報を公表しているか。	・ 住民による地域包括支援センターの活用を促進するため、情報公表の取組を評価するもの。	10点	平成30年度の取組が対象	・具体的な公表項目は、名称及び所在地、法人名、営業日及び営業時間、担当区域、職員体制、事業の内容、活動実績等 ・情報公表システム以外で公表している場合も含む。	・情報公表システム以外の場合は名称を記載
⑤	毎年度、地域包括支援センター運営協議会での議論を踏まえ、地域包括支援センターの運営方針、支援、指導の内容を検討し改善しているか。 ア　運営協議会での議論を踏まえ、地域包括支援センターの運営方針、支援、指導の内容を検討し改善している イ　運営協議会での議論を踏まえ、地域包括支援センターの運営方針、支援、指導の内容について改善点を検討している	・ 地域包括支援センターの業務や体制等の課題に適切に対応するため、毎年度の検討・改善のサイクルを評価するもの。	ア　10点 イ　5点	平成30年度又は平成29年度の取組状況が対象 ※基本的に30年度の実施状況を対象とするが、30年度に実施しておらず平成29年度に実施している場合にはそれを対象とする	・保険者が実施することを想定。地域包括支援センターが委託であるか直営であるかを問わない	・アについては、改善点を簡潔に記載。既存の文書（対応状況に関する運営協議会への報告書類等）の該当部分でも可 ・イについては、検討概要を簡潔に記載。既存の文書（市町村内の会議、打合せの議事概要等）の資料でも可

5

	指標（案）	趣旨・考え方	配点	時点	留意点	報告様式への記載事項・提出資料（予定）
⑥	**＜ケアマネジメント支援に関するもの＞** 地域包括支援センターと協議の上、地域包括支援センターが開催する介護支援専門員を対象にした研修会・事例検討会等の開催計画を作成しているか。	・ 適切に保険者と連携（協議）した上で、計画的な介護支援専門員向け研修等の開催計画の作成を評価するもの。	10点	平成30年度の開催計画の策定を評価	・地域包括支援センターとの協議の上で開催計画が立てられていることを問う指標であり、当該開催計画に盛り込まれる研修は、都道府県主催のものや、地域包括支援センターが共同開催する研修会等も含む。また、同様に、開催計画に盛り込まれるものについては、市町村が民間事業所等による自主的な研修やスキルアップ等を促進するために財政支援を行う等具体的取組によるものも評価の対象とする。	・ 開催計画を提示
⑦	介護支援専門員のニーズに基づいて、多様な関係機関・関係者（例：医療機関や地域における様々な社会資源など）との意見交換の場を設けているか。	・ 介護支援専門員のニーズに基づく、介護支援専門員と医療機関等の関係者の連携を推進するための場の設定を評価するもの。	10点	平成30年度の取組が対象	・介護支援専門員のニーズに基づいた関係者との意見交換の場を通じた多対多の顔の見える関係の有無を問うものであり、在宅医療・介護連携推進事業等の枠組みで実施するものであっても差し支えない。 ・したがって、介護支援専門員のニーズに基づいて設けられているものであれば、都道府県主催のものも対象とする。 ・ただし、上記の趣旨から、地域ケア会議は含まない。	・開催日時及び出席した関係者・関係機関の概要を記載
⑧	管内の各地域包括支援センターが介護支援専門員から受けた相談事例の内容を整理・分類した上で、経年的に件数を把握しているか。	・ 介護支援専門員からの相談に基づき、適切に地域課題を解決していくことを促進するため、まずは相談事例の内容整理や把握の状況を評価するもの。	10点	平成30年度の状況が対象	・相談内容の「整理・分類」と「経年的（概ね3年程度）件数把握」を管内全ての地域包括支援センターについて行っている場合に対象とする。	・「過去〇年分について、〇〇××という整理をしている」等、どのように整理をしているか概要がわかるものを提示
⑨	**＜地域ケア会議に関するもの＞** 地域ケア会議について、地域ケア会議が発揮すべき機能、構成員、スケジュールを盛り込んだ開催計画を策定しているか。	・ 地域ケア会議の機能（①個別課題の解決、②地域包括支援ネットワークの構築、③地域課題の発見、④地域づくり・資源開発、⑤政策の形成）を踏まえ、当該地域の地域ケア個別会議及び地域ケア推進会議それぞれの機能、構成員、開催頻度を決定し、計画的に開催していることを評価するもの。	10点	平成30年度の開催計画の策定を評価	・地域ケア推進会議のみでなく地域ケア個別会議も対象 ・なお、開催頻度の多寡については問わないが、5つの機能について、計画上で何らかの内容が盛り込まれている必要がある。	・ 機能、構成員、開催頻度を記載した開催計画を提示
⑩	地域ケア会議において多職種と連携して、自立支援・重度化防止等に資する観点から個別事例の検討を行い、対応策を講じているか。	・ 地域ケア会議において、多職種連携や個別事例の検討、対応策の実施を評価するもの。	10点	平成30年度の取組が対象	・地域ケア会議として位置づけられているものが対象 ・多職種から受けた助言等を活かし対応策を講じることとし、対応策とは具体的には以下のものをいう ・課題の明確化 ・長期・短期目標の確認 ・優先順位の確認 ・支援や対応及び支援者や対応者の確認 ・モニタリング方法の決定　　等	・地域ケア会議の会議録や議事メモ等のうち、個別事例に対しての対応策が記載されている部分の提示（いくつかの事例をピックアップすることを想定） ・当該地域ケア会議に出席した職種を記載

	指標（案）	趣旨・考え方	配点	時点	留意点	報告様式への記載事項・提出資料（予定）
⑪	個別事例の検討等を行う地域ケア会議における個別事例の検討件数割合はどの程度か。（個別ケースの検討件数／受給者数） ア　個別ケースの検討件数／受給者数　○件以上（全保険者の上位3割） イ　個別ケースの検討件数／受給者数　○件以上（全保険者の上位5割）	・当該保険者において開催される地域ケア会議での個別ケースの検討頻度を評価するもの。	ア　10点 イ　5点	平成30年4月から平成30年9月末までに開催された地域ケア会議において検討された個別事例が対象	・「個別事例の検討件数」は、平成30年4月から平成30年9月末までに開催された地域ケア会議において検討された個別事例の延べ件数とする。 ・「受給者数」は平成30年9月末日現在の受給者数とする。 ・実績把握後、保険者の規模により評価に差異が生じる場合は、規模別に上位3割、5割を決定することとする。	・実際の数値を提出
⑫	生活援助の訪問回数の多いケアプラン（生活援助ケアプラン）の地域ケア会議等での検証について、実施体制を確保しているか。	・当該保険者が開催する地域ケア会議等において、平成30年度介護報酬改定によりケアマネジャーに届出が義務付けられた生活援助ケアプランを検証することになるが、その実施体制を確保しているかを評価するもの。	10点	平成30年9月末の状況	・当該保険者のケアマネの届出件数見込みに対して、地域ケア会議等（ケアプラン点検を含む）における検証の実施体制を確保しているかを評価する。 ・平成31年度以降は検証実績で評価していく予定。	・地域ケア会議等における検証の実施計画を提出
⑬	地域ケア会議で検討した個別事例について、その後の変化等をモニタリングするルールや仕組みを構築し、かつ実行しているか。	・個別事例の検討を行ったのち、フォローアップをしていること等を評価するもの。	10点	平成30年度の取組が対象	・個別事例の検討において、⑩に記載されたような何らかの対応策を講じたものについて、フォローアップのルールの有無を問う指標である。	・ルールや仕組みの概要及び具体的な実行内容について簡潔に記載 ・平成30年9月末までに地域ケア会議で検討した個別事例について、フォローアップが必要とされた事例の件数及びフォローアップ実施件数（又はフォローアップの予定）
⑭	複数の個別事例から地域課題を明らかにし、これを解決するための政策を市町村へ提言しているか。 ア　複数の個別事例から地域課題を明らかにし、これを解決するための政策を市町村に提言している イ　複数の個別事例から地域課題を明らかにしているが、解決するための政策を市町村に提言してはいない。	・地域ケア会議における検討が、地域課題の解決につながる仕組みとなっていることを評価するもの。	ア　10点 イ　5点	平成30年度又は平成29年度の取組状況が対象 ※基本的に30年度の実施状況を対象とするが、多くの自治体では30年度はまだ時期的に実施していないことが想定されるため、30年度に実施しておらず平成29年度に実施している場合にはそれを対象とする		・アについては、提言された政策の概要を簡潔に一つ記載 ・イについては、明らかにされた地域課題の概要を簡潔に一つ記載
⑮	地域ケア会議の議事録や決定事項を構成員全員が共有するための仕組みを講じているか。	・多職種による課題共有を評価するもの。	10点	① 平成30年度の状況が対象		・仕組みの概要を簡潔に記載

7

（4）在宅医療・介護連携

	指標（案）	趣旨・考え方	配点	時点	留意点	報告様式への記載事項・提出資料（予定）
①	地域の医療・介護関係者等が参画する会議において、市町村が所持するデータのほか、都道府県等や郡市区医師会等関係団体から提供されるデータ等も活用し、在宅医療・介護連携に関する課題を検討し、対応策が具体化されているか。 ア　市町村が所持するデータ　に加え、都道府県等や郡市区医師会等関係団体から提供されるデータ等も活用し、課題を検討し、対応策を具体化している。 イ　市町村が所持するデータを活用して課題を検討し、対応策を具体化している。	・　在宅医療・介護連携推進事業の（ア）（イ）の事業項目に関連して、対応策を検討するだけでなく、適切に具体化されていることを評価するもの。	ア　10点 イ　5点	平成30年度又は平成29年度の取組状況が対象 ※基本的に30年度の実施状況を対象とするが、多くの自治体では30年度はまだ時期的に実施していないことが想定されるため、30年度に実施しておらず平成29年度に実施している場合にはそれを対象とする	・対応策の具体化については、例えば以下の内容が考えられる。 市区町村が、（ア）の事業項目で得たデータ等を鑑みつつ、将来の等の見込み等地域の医療・介護関係者とともに地域の連携に関する課題を抽出し、対応策案を検討する。その結果、例えば、 ・　情報共有のルールの策定について、媒体、方法、進め方のスケジュール等が決定し、策定に向けた取組が開始された ・　切れ目のない在宅医療・在宅介護の体制構築に向けて、郡市区医師会等関係団体と主治医・副主治医の導入に係る具体的な話し合いの場を設けることに繋がった ・　多職種研修の内容について、地域課題を基にテーマを決定し、スケジュール等を確定した　等 ・対応策の具体化が平成29年度又は平成30年度であること（分析の年度を問うていない） ・都道府県が行っている事業との連携により実施している場合も対象 ・なお、市町村においては、都道府県に適宜、データの提供依頼等を行うことが重要である。	・会議の構成員について医療と介護の関係者がわかるように記載すること 例えば、郡市区医師会、〇〇病院・〇〇診療所医師、ケアマネ協会等 ・具体化された対応策を一つ簡潔に回答 ・活用した具体的なデータの一例を記載
②	医療・介護関係者の協力を得ながら、切れ目なく在宅医療と在宅介護が一体的に提供される体制の構築に向けて必要に応じて、都道府県等からの支援を受けつつ、（4）①での検討内容を考慮して、必要となる具体的取組を企画・立案した上で、具体的に実行するとともに、実施状況の検証や取組の改善を行っているか。	・　在宅医療・介護連携推進事業の（ウ）の事業項目に関連して、具体的な実施状況とそのPDCAサイクルの実施を評価するもの。	10点	平成30年度又は平成29年度の取組状況が対象 ※基本的に30年度の実施状況を対象とするが、多くの自治体では30年度はまだ時期的に実施していないことが想定されるため、30年度に実施しておらず平成29年度に実施している場合にはそれを対象とする	・具体的な実行については、例えば以下の内容が考えられる ・　主治医・副主治医制 ・　在宅療養中の患者・利用者についての救急時診療医療機関の確保 ・　かかりつけ医と訪問看護の連携体制の構築 （これらの他、「在宅医療・介護連携推進事業の手引きver2をご覧ください。） ・都道府県が行っている事業との連携により実施している場合も対象	・具体的な実行内容及び改善内容を一つ簡潔に回答
③	医療・介護関係者間の情報共有ツールの整備又は普及について具体的な取組を行っているか。	・　在宅医療・介護連携推進事業の（エ）の事業項目に関連して、具体的な取組状況を評価するもの	10点	平成30年度又は平成29年度の取組状況が対象 ※基本的に30年度の実施状況を対象とするが、多くの自治体では30年度はまだ時期的に実施していないことが想定されるため、30年度に実施しておらず平成29年度に実施している場合にはそれを対象とする	・　具体的な取組については、例えば以下の内容が考えられる。 ・　地域の医療・介護関係者が既に活用している情報共有のツールを収集し、活用状況等を確認し、新たに情報共有ツールを作成する、既存のツールの改善を図る等の意思決定をした ・　ワーキンググループを設置し、情報共有ツールの媒体、情報共有の　媒体や様式、使用方法、普及方法等について検討した ・　郡市区医師会等関係団体と協力し、関係者向けの情報共有ツールの活用に係る研修会を開催した （これらの他、「在宅医療・介護連携推進事業の手引きver2をご覧ください。） ・都道府県が行っている事業との連携により実施している場合も対象	・具体的な取組を一つ簡潔に回答

④	地域の医療・介護関係者、地域包括支援センター等からの在宅医療・介護連携に関する相談に対応するための相談窓口を設置し、在宅医療・介護連携に関する相談内容を、郡市区医師会等の医療関係団体との会議等に報告しているか。	・ 在宅医療・介護連携推進事業の(オ)の事業項目について、地域における在宅医療・介護連携に関する相談事例について、医療関係団体と共有することを評価するもの。	10点	平成30年度又は平成29年度の取組状況が対象 ※基本的に30年度の実施状況を対象とするが、多くの自治体では30年度はまだ時期的に実施していないことが想定されるため、30年度に実施しておらず平成29年度に実施している場合にはそれを対象とする	・郡市区医師会等関係団体との会議等への報告については、在宅医療・介護連携推進事業における(イ)の事業項目で開催される会議等を活用している場合も対象 ・相談が無い場合にはその旨及び理由等を報告している場合も対象 ・都道府県が行っている事業との連携により実施している場合も対象	・報告日時及び会議名を記載
⑤	医療・介護関係の多職種が合同で参加するグループワークや事例検討など参加型の研修会を、保険者として開催または開催支援しているか。	・ 在宅医療・介護連携推進事業の(カ)の事業項目について、介護支援専門員をはじめとする介護関係者と、医療関係者が合同で行う研修会等により、お互いの連携を推進するための取組を評価するもの。	10点	平成30年度又は平成29年度の取組状況が対象 ※基本的に30年度の実施状況を対象とするが、多くの自治体では30年度はまだ時期的に実施していないことが想定されるため、30年度に実施しておらず平成29年度に実施している場合にはそれを対象とする	・参加型の研修とは、グループワークを活用した研修や多職種連携を要する事例に関する検討会といったものをいう ・都道府県主催や医師会主催のもの等であっても保険者が把握し、主体的に関わっていれば対象とする	・開催日時及び名称を記載
⑥	関係市区町村や郡市区医師会等関係団体、都道府県等と連携し、退院支援ルール等、広域的な医療介護連携に関する取組を企画・立案し、実行しているか。	・ 在宅医療・介護連携推進事業の(ク)の事業項目に関連する指標。 ・ 入院時、退院時の医療・介護連携に係る具体的な取組を評価するもの。	10点	平成30年度又は平成29年度の取組状況が対象 ※基本的に30年度の実施状況を対象とするが、多くの自治体では30年度はまだ時期的に実施していないことが想定されるため、30年度に実施しておらず平成29年度に実施している場合にはそれを対象とする	・都道府県主催や医師会主催のもの等であっても保険者が把握し、主体的に関わっていれば対象とする	・具体的な実行内容を一つ簡潔に回答
⑦	居宅介護支援の受給者における「入院時情報連携加算」又は「退院・退所加算」の取得率の状況はどうか。 ア ○%以上(全保険者の上位5割)	・ 在宅医療・介護連携推進事業の(ク)の事業項目に関連する指標。 ・ 入院時、退院時の医療・介護連携に係る介護報酬上の加算の取得率を評価するもの。	「入院時情報連携加算」、「退院・退所加算」について各加算5点	平成30年3月時点及び平成29年3月から平成30年3月の変化率が対象		・厚労省において統計データを使用

9

(5)認知症総合支援

	指標(案)	趣旨・考え方	配点	時点	留意点	報告様式への記載事項・提出資料(予定)
①	市町村介護保険事業計画又は市町村が定めるその他の計画等において、認知症施策の取組(「介護保険事業に係る保険給付の円滑な実施を確保するための基本的な指針」第二の三の1の(二)に掲げる取組)について、各年度における具体的な計画(事業内容、実施(配置)予定数、受講予定人数等)を定め、毎年度その進捗状況について評価しているか。 ア 計画に定めており、かつ、進捗状況の評価を行っている イ 計画に定めているが、進捗状況の評価は行っていない	・ 認知症総合支援策に係る、具体的な計画及びそのPDCAを評価するもの。	ア 10点 イ 5点	・第7期介護保険事業計画への記載が対象。または、市町村が定める他の計画でも構わないこととする。(評価については30年度の予定で可)		・計画の該当部分を提出 ・評価については、どのような会議や打合せの機会い、どのような手法で評価したか、実施日、又は実施予定日を記載
②	認知症初期集中支援チームは、認知症地域支援推進員に支援事例について情報提供し、具体的な支援方法の検討を行う等、定期的に情報連携する体制を構築しているか。	・ 認知症支援に係る適切な体制を評価するもの。	10点	平成30年度の取組が対象		・ 取組内容(情報連携を行う場、その場の開催頻度)を簡潔に記入。
③	地区医師会等の医療関係団体と調整し、認知症のおそれがある人に対して、かかりつけ医と認知症疾患医療センター等専門医療機関との連携により、早期診断・早期対応に繋げる体制を構築しているか。	・ 認知症支援に係る医療との連携の重要性に鑑み、医療関係者との連携を評価するもの。	10点	平成30年度の取組が対象	・認知症初期集中支援チームの設置だけでは該当しない。 ・体制を構築するにあたり、地区医師会等の医療関係団体に協力依頼していること。ただし、都道府県と連携して協力依頼している場合も対象(都道府県が行っている事業との連携により実施している場合も対象) ・保険者として取り組んでいないものは該当しない。ただし、情報連ツールなど他団体等が作成したが、市町村内での活用を団体と調整し、活用している場合など、関係団体と調整している場合は対象。 ・体制の構築は具体的には例えば以下のものを想定 ・関係者間の連携ルールの策定(情報連携ツールや認知症ケアパスの使用ルールの共有等) ・認知症に対応できるかかりつけ医を把握しリストを公表している ・もの忘れ相談会などの実施によりスクリーニングを行っている	・構築している体制の概要を簡潔に記載
④	認知症支援に携わるボランティアの定期的な養成など認知症支援に関する介護保険外サービスの整備を行っているか	・ 地域の実情に応じた、様々な認知症支援の体制づくりに向けた取組を評価するもの。	10点	平成30年度の取組が対象(予定を含む。)	・ ボランティアの定期的な養成については、平成30年度における養成講座等の開催(予定を含む)が対象。また、認知症の人や介護者を支援する具体的な活動に参加することを前提に行われるものが対象。 ・介護保険外サービスの整備については、整備に向けた取組を平成30年度に実施しているか(予定を含む)が対象。具体的には例えば以下のものを想定 ・ 認知症サポーター養成講座の受講者を傾聴や見守り等のボランティアとして登録、活用する ・ 認知症カフェの設置、運営の推進 ・ 本人ミーティングや家族介護者教室の開催	・取組内容を簡潔に記載。養成講座は実施日も記載

（3）介護予防／日常生活支援

	指標（案）	趣旨・考え方	配点	時点	留意点	報告様式への記載事項・提出資料（予定）
①	介護予防・日常生活支援総合事業の創設やその趣旨について、地域の住民やサービス事業者等地域の関係者に対して周知を行っているか。	・ 住民及びサービス事業者等地域の関係者に対する総合事業に係る狙いや趣旨等の正しい理解や周知を促進することを評価するもの。	10点	平成30年度の状況が対象	・周知方法は、説明会・座談会等の開催や広報誌、HP掲載等 ・内容としては、介護予防・日常生活支援総合事業の創設趣旨、当該市町村の現状や将来の姿、目指すべき地域像を含むこと。	・周知方法を簡潔に記載
②	介護保険事業計画において、介護予防・生活支援サービス事業における多様なサービス（基準を緩和したサービス、住民主体による支援、短期集中予防サービス、移動支援を指し、予防給付で実施されてきた旧介護予防訪問介護相当サービス・旧介護予防通所介護相当サービスに相当するサービスは含まない。以下同じ。）及びその他の生活支援サービスの量の見込みを立てるとともに、その見込み量の確保に向けた具体策を記載しているか。	・ 基本指針を踏まえ、多様なサービス等の計画的な整備に向けた取組を評価するもの。	10点	第7期介護保険事業計画に記載した事項が対象	・「見込み量の確保に向けた具体策」とは、例えば、運営経費の補助、場所の提供、研修の実施、運営ノウハウに関するアドバイザーの派遣等が考えられ、生活支援体制整備事業等を通じて、実施主体が必要とする支援を行うことが重要である。	・第7期計画の該当部分を提出
③	介護予防・生活支援サービス事業における多様なサービスやその他の生活支援サービスの開始にあたり、生活支援コーディネーターや協議体、その他地域の関係者との協議を行うとともに、開始後の実施状況の検証の機会を設けているか。	・ 多様なサービス等の実施に係るPDCAサイクルの活用を評価するもの。	10点	平成30年度の状況が対象	・一般介護予防事業評価事業等において協議や検証を行っている場合に対象とする。	・検証の場、メンバー、結果の概要等を簡潔に記載
④	高齢者のニーズを踏まえ、介護予防・生活支援サービス事業における多様なサービス、その他生活支援サービスを創設しているか。	・ 地域の高齢者のニーズを前提として、総合事業における多様なサービスの創設実績を評価するもの。	10点	平成30年度の取組（予定を含む）		・創設されたサービスの概要及び創設時期（予定時期）を記載
⑤	介護予防に資する住民主体の通いの場への65歳以上の方の参加者数はどの程度か（【通いの場への参加率＝通いの場の参加者実人数／高齢者人口】 等） ア　通いの場への参加率が○%（上位3割） イ　通いの場への参加率が○%（上位5割）	・ 介護予防に資する通いの場への参加状況を評価するもの。	ア　10点 イ　5点	前年度実績（平成29年4月から平成30年3月）	・住民主体の通いの場は以下のとおりとする 【介護予防に資する住民運営の通いの場】 ・体操や趣味活動等を行い介護予防に資すると市町村が判断する通いの場であること。 ・通いの場の運営主体は、住民であること。 ・通いの場の運営について、市町村が財政的支援（地域支援事業の一次予防事業、地域支援事業の任意事業、市町村の独自事業等）を行っているものに限らない。 ※週1回以上の活動実績がある通いの場について計上すること。 ※「主な活動内容」及び「参加者実人数」を把握しているものを計上すること。 ・実績把握後、保険者の規模により評価に差異が生じる場合は、規模別に上位3割、5割を決定することとする。	・実際の数値を記載

11

	指標（案）	趣旨・考え方	配点	時点	留意点	報告様式への記載事項・提出資料（予定）
⑥	地域包括支援センター、介護支援専門員、生活支援コーディネーター、協議体に対して、総合事業を含む多様な地域の社会資源に関する情報を提供しているか。	・ 介護支援専門員等が地域資源等に関する情報を共有することにより、住民に適切なサービスの提供ができるよう、情報提供の取組を評価するもの。	10点	平成30年度の取組が対象	・情報提供の方法としては、例えば以下の方法を想定している。 ・社会資源マップ ・サービス・支え合い活動リスト ・社会資源活用事例集 ・なお、ここではサービスや活動としての社会資源を想定しているが、生活支援コーディネーター等と地域づくりを行う上での広い意味としての社会資源は、人（個人、組織、関係性など）、物（自然、施設など）、お金（寄付金など）、情報（ノウハウ等）を意味する。	・取組の概要及び実施時期を簡潔に記載
⑦	地域リハビリテーション活動支援事業（リハビリテーション専門職等が技術的助言等を行う事業）等により、介護予防の場にリハビリテーション専門職等が関与する仕組みを設け実行しているか。	・ 自立支援、重度化防止等に向けた取組において重要となる、リハビリテーション専門職等との連携を評価するもの。 ※地域支援事業における地域リハビリテーション活動支援事業のみでなく、都道府県が都道府県医師会等関係団体と構築している地域リハビリテーション支援体制の活用により、介護予防におけるリハビリテーション専門職等の関与が促進できる仕組みとなっている場合なども含む	10点	平成30年度の取組が対象（予定を含む）		・ 仕組みの概要及び実績を簡潔に記載。
⑧	住民の介護予防活動への積極的な参加を促進する取組を推進しているか（単なる周知広報を除く。）	・ 住民の参加を促進する仕組みの創設、高齢者の地域における役割の創設等、地域の実情に応じた様々な工夫により、高齢者の積極的な介護予防への参加を推進していることを評価するもの。	10点	平成30年度の取組（予定を含む）	・具体的には、例えば以下のようなものが想定される ・ ボランティア活動等への積極参加を促す取組 ・ 高齢者が役割を発揮する場を創出する取組 ・ 活動意識のある個人・団体とニーズのコーディネート	・ 簡単な取組内容を記入。

（7）生活支援体制の整備

	指標（案）	趣旨・考え方	配点	時点	留意点	報告様式への記載事項・提出資料（予定）
①	生活支援コーディネーターに対して市町村としての活動方針を提示し、支援を行っているか。	・ 生活支援コーディネーターについて、地域の実情に応じた、効果的な活動が行われるよう、市町村としての方針の決定や支援を評価するもの。	10点	平成30年度の取組が対象		・活動方針及び支援の内容がわかる概要資料を提示
②	生活支援コーディネーターが地域資源の開発に向けた具体的取組（地域ニーズ、地域資源の把握、問題提起等）を行っているか。	・ 生活支援コーディネーターについて、単なる配置にとどまるのではなく、具体的な取組を行っていることを評価するもの。	10点	平成30年度の取組が対象（予定を含む。）	・具体的な取組を実施していることが対象。 ・資源開発は、地域における支えあいの仕組みづくりであるという観点を踏まえて取組を進めることが重要	・内容として、「地域のニーズと資源の状況の見える化、問題提起」「地縁組織等多様な主体への協力依頼等の働きかけ」「関係者のネットワーク化」「目指す地域の姿・方針の共有、意識の統一」「生活支援の担い手の養成やサービスの開発」等のどれを実施したかを選択する。また、これ以外を実施している場合には、内容を簡潔に記載

	指標(案)	趣旨・考え方	配点	時点	留意点	報告様式への記載事項・提出資料(予定)
③	協議体が地域資源の開発に向けた具体的取組(地域ニーズ、地域資源の把握等)を行っているか。	・ 協議体について、単なる設置にとどまるのではなく、具体的な取組を行っていることを評価するもの。	10点	平成30年度の取組が対象(予定を含む。)	・具体的な取組を実施していることが対象。 ・資源開発は、地域における支えあいの仕組みづくりであるという観点を踏まえて取組を進めることが重要	・内容として、「地域ニーズ、既存の地域資源の把握、情報の見える化の推進(実態調査の実施や地域資源マップの作成等)」「企画、立案、方針策定(生活支援等サービスの担い手養成に係る企画等を含む。)」「地域づくりにおける意識の統一」等のどれを実施したかを記載する。また、これ以外を実施している場合には、内容を簡潔に記載。
④	生活支援コーディネーター、協議体の活動を通じて高齢者のニーズに対応した具体的な資源の開発(既存の活動やサービスの強化を含む。)が行われているか。	・ 生活支援コーディネーターや協議体の活動による社会資源の開発実績を評価するもの。	10点	平成30年度の取組が対象(予定を含む。)	・具体的な資源開発が行われたことが対象。 ・資源開発は、地域における支えあいの仕組みづくりであるという観点を踏まえて取組を進めることが重要	・行われた資源開発の具体的内容を簡潔に記載

(8)要介護状態の維持・改善の状況等

	指標(案)	趣旨・考え方	配点	時点	留意点	報告様式への記載事項・提出資料(予定)
①	**(要介護認定等基準時間の変化)** 一定期間における、要介護認定者の要介護認定等基準時間の変化率の状況はどのようになっているか。 ア 時点(1)の場合○% (全保険者の上位5割を評価) イ 時点(2)の場合○% (全保険者の上位5割を評価)	・ 要介護状態の維持・改善の状況として、認定を受けた者について要介護認定等基準時間の変化率を測定するもの	10点 ※ア又はイのどちらかに該当すれば加点	(1)平成29年3月→平成30年3月の変化率 (2)平成29年3月→平成30年3月と平成28年3月→平成29年3月の変化率の差	・実績把握後、保険者の規模により評価に差異が生じる場合は、規模別に上位3割、5割を決定することとする。 ・要介護認定のみ対象とし、年齢調整を行う	・厚労省において統計データを使用 ・厚労省でデータが把握できない場合、対象外となるが、独自に計算した値を提出した場合には対象とすることとする。
②	**(要介護認定の変化)** 一定期間における要介護認定者の要介護認定の変化率の状況はどのようになっているか。 ア 時点(1)の場合○% (全保険者の上位5割を評価) イ 時点(2)の場合○% (全保険者の上位5割を評価)	・ 要介護状態の維持・改善の状況として、認定を受けた者について要介護認定の変化率を測定するもの	10点 ※ア又はイのどちらかに該当すれば加点	(1)平成29年3月→平成30年3月の変化率 (2)平成29年3月→平成30年3月と平成28年3月→平成29年3月の変化率の差	・・実績把握後、保険者の規模により評価に差異が生じる場合は、規模別に上位3割、5割を決定することとする。 ・要介護認定のみ対象とし、年齢調整を行う	・厚労省において統計データを使用 ・厚労省でデータが把握できない場合、対象外となるが、独自に計算した値を提出した場合には対象とすることとする。

Ⅲ 介護保険運営の安定化に資する施策の推進

(1)介護給付の適正化

	指標(案)	趣旨・考え方	配点	時点	留意点	報告様式への記載事項・提出資料(予定)
①	介護給付の適正化事業の主要5事業のうち、3事業以上を実施しているか。	・「介護給付適正化計画に関する指針」(平成29年7月7日老介発第0707第1号別紙)を踏まえた、介護給付の適正化事業の実施を評価するもの。	10点	平成30年度の取組が対象		・5事業のうち実施している事業を記載(選択式)

13

	指標（案）	趣旨・考え方	配点	時点	留意点	報告様式への記載事項・提出資料（予定）
②	ケアプラン点検をどの程度実施しているか。 ア　ケアプラン数に対するケアプランの点検件数の割合が○%（全国平均）以上 イ　ケアプラン数に対するケアプランの点検件数の割合が○%（全国平均）未満	・ ケアプラン点検の実施状況を評価するもの。	10点	平成29年度分が対象	・ケアプラン点検は、地域支援事業の任意事業（介護給付等費用適正化事業）及びその他の枠組みで行われるケアプラン点検を差し、「居宅介護サービス計画、介護予防サービス計画の記載内容について、事業所からの提出、又は事業所への訪問等による保険者の視点からの確認及び確認結果に基づく指導等を行う。」ものをいう。 ・実績把握後、保険者の規模により評価に差異が生じる場合は、規模別に上位3割、5割を決定することとする。 ・ケアプラン数は自治体では把握していないため、介護保険事業状況報告における居宅介護支援及び介護予防支援サービスの受給者数の年間の延べ数とする	・実際の数値を記載することとする
③	医療情報との突合・縦覧点検を実施しているか。	・ 医療情報との突合・縦覧点検は、特に適正化効果が高いため、実施を評価するもの。	10点	平成30年度の取組が対象		・実施形態を記載（ア 保険者職員が実施、イ 国保連に委託、ウ ア及びイ）
④	福祉用具の利用に関しリハビリテーション専門職が関与する仕組みを設けているか。 ・ 地域ケア会議の構成員としてリハビリテーション専門職を任命し、会議の際に福祉用具貸与計画も合わせて点検を行う ・ 福祉用具専門相談員による福祉用具貸与計画の作成時に、リハビリテーション専門職が点検を行う仕組みがある ・ 貸与開始後、用具が適切に利用されているか否かをリハビリテーション専門職が点検する仕組みがある	・ 福祉用具について、リハビリテーション専門職が関与した適切な利用を推進するため、保険者の取組を評価するもの。	10点	平成30年度の取組が対象	・左記のうちいずれかに該当している場合に加点	・左記のうち実施している事業を記載
⑤	住宅改修の利用に際して、建築専門職、リハビリテーション専門職等が適切に関与する仕組みを設けているか。 ・ 被保険者から提出された住宅改修費支給申請書の市町村における審査の際に、建築専門職、リハビリテーション専門職等により点検を行う仕組みがある ・ 住宅改修の実施前又は実施の際に、実際に改修を行う住宅をリハビリテーション専門職が訪問し、点検を行わせる仕組みがある	・ 住宅改修について、建築専門職やリハビリテーション専門職が関与した適切な利用を推進するため、保険者の取組を評価するもの。	10点	平成30年度の取組が対象	・左記のうちいずれかに該当している場合に加点	・左記のうち実施している事業を記載
⑥	給付実績を活用した適正化事業を実施しているか。	・「介護給付適正化計画に関する指針」（29年7月7日老介発第0707第1号別紙）を踏まえ、給付実績の活用による適正化事業の実施を評価するもの	10点	平成30年度の取組が対象	・給付実績を活用した適正化事業とは、国保連で実施する審査支払いの結果から得られる給付実績を活用して、不適切な給付や事業者を発見し、適正なサービス提供と介護費用の効率化、事業者の育成を図るものをいう。	・実施した時期・内容の概要を記載

（2）介護人材の確保

	指標（案）	趣旨・考え方	配点	時点	留意点	報告様式への記載事項・提出資料（予定）
①	必要な介護人材を確保するための具体的な取組を行っているか。	・ 第7期介護保険事業計画から、市町村介護保険事業計画への任意記載事項となった介護人材の確保に向けた取組について、保険者の取組を評価するもの	10点	平成30年度の取組が対象（予定を含む）		・実施した時期・内容の概要を記載（予定の場合は計画）

【編著者紹介】
大東社会保障推進協議会
大阪社会保障推進協議会
〒530-0034　大阪府大阪市北区錦町2－2国労会館
電話：06-6354-8662　FAX：06-6357-0846
http://www.osaka-syahokyo.com/

新井康友　調査団実行委員長、佛教大学社会福祉学部准教授
日下部雅喜　大阪社保協介護保険対策委員長
新崎美枝　日本共産党大東市議会議員
西村祐美子　医療生協かわち野生活協同組合協立診療所看護師
寺内順子　大阪社保協事務局長

介護保険「卒業」がもたらす悲劇
あなたのまちが大東市と同じ失敗をしないために

2018年4月25日　初版第1刷発行

編著者　大東社会保障推進協議会、大阪社会保障推進協議会
発行者　坂手崇保
発行所　日本機関紙出版センター
〒553-0006　大阪市福島区吉野3-2-35
TEL 06-6465-1254　FAX 06-6465-1255
http://kikanshi-book.com/　hon@nike.eonet.ne.jp
本文組版　Third
編集　丸尾忠義
印刷・製本　シナノパブリッシングプレス

ISBN978-4-88900-954-5